KB133903

차별한다는 것

너머학교 열린교실 17

차별한다는 것

권용선 글 노석미 그림

너머학교

사람은 자연학적으로는 단 한 번 태어나고 죽지만 인문학적으로는 여러 번 태어나고 죽습니다. 세포의 배열을 바꾸지도 않은 채 우리의 앎과 믿음, 감각이 완전 다른 것으로 변할 수 있습니다. 이것은 그리 신비한 이야기가 아닙니다. 이제까지 나를 완전히 사로잡던 일도 갑자기 시시해질 수 있고, 어제까지 아무렇지도 않게 산 세상이 오늘은 숨을 조이는 듯 답답하게 느껴질 때가 있습니다. 내가 다른 사람이 된 것이지요.

어느 철학자의 말처럼 꿀벌은 밀랍으로 자기 세계를 짓지만, 인간은 말로써, 개념들로써 자기 삶을 만들고 세계를 짓습니다. 우리가 가진 말들, 우리가 가진 개념들이 우리의 삶이고 우리의 세계입니다. 또 그것이 우리 삶과 세계의 한계이지요. 따라서 삶을 바꾸고 세계를 바꾸는 일은 항상 우리 말과 개념을 바꾸는 일에서 시작하고 또 그것으로 나타납니다. 우리의 깨우침과 우리의 배움이 거기서 시작하고 거기서 나타납니다.

아이들은 말을 배우며 삶을 배우고 세상을 배웁니다. 그들은 그렇게 말을 만들어 가며 삶을 만들어 가고 자신이 살아갈 세계를 만들어 가지요. '생각교과서―열린교실' 시리즈를 준비하며, 우리는 새로운 삶을 준비하는 모든 사람들, 아이로 돌아간 모든 사람들에게 새롭게 말을 배우자고 말하고자 합니다.

무엇보다 삶의 변성기를 경험하고 있는 십대 친구들에게 언어의 변성기 또한 경험하라고 말하고 싶습니다. 그래서 자기 삶에서 언어의 새로운 의미를 발견한 분들에게 그것을 들려 달라고 부탁했습니다. 사전에 나오지 않는 그 말뜻을 알려 달라고요. 생각한다는 것, 탐구한다는 것, 기록한다는 것, 읽는다는 것, 느낀다는 것, 믿는다는 것, 논다는 것, 본다는 것, 잘 산다는 것, 사람답게 산다는 것, 그린다는 것, 관찰한다는 것, 말한다는 것, 이야기한다는 것, 기억한다는 것, 가꾼다는 것, 차별한다는 것……. 이 모든 말의 의미를 다시 물었습니다. 그리고 서로의 말을 배워 보자고 했습니다.

'생각교과서—열린교실' 시리즈가 새로운 말, 새로운 삶이 태어나는 언어의 대장간, 삶의 대장간이 되었으면 합니다. 무엇보다 배움이 일어나는 장소, 학교 너머의 학교, 열려 있는 교실이 되었으면 합니다. 우리 모두가 아이가 되어 다시 발음하고 다시 뜻을 새겼으면 합니다. 서로에게 선생이 되고 서로에게 제자가 되어서 말이지요.

고병권

차례

완득아, 놀자!

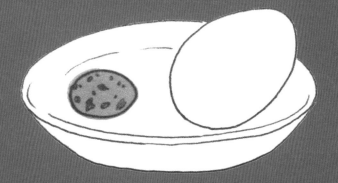

완득이. 여러분은 완득이를 알고 있나요? 서울의 한 변두리 동네 옥탑방에서 난쟁이 아버지와 말더듬이 민구 삼촌과 함께 사는 17세 소년, 앞집에 사는 심술궂은 담임선생님 좀 죽여 달라고 교회에 가서 기도하는 어리숙한 아이. 17년 만에 처음 만난 엄마를 '그분'이라고 부를 만큼 어색해하고, 전교 1등 윤하의 애정 공세도 못 알아차릴 정도로 숙맥이지만, 착하고 다정한 우리 친구 완득이. 여러분은 아마 소설과 영화를 통해 완득이의 이야기를 보고 들은 적이 있을 거예요.

완득이는 가정 형편이 넉넉지 못하고 공부도 못하지만, 그런 것쯤은 대수롭지 않게 여길 만큼 건강한 몸과 마음을 가진 매력적인 소년이었고, 그런 완득이 주변의 인물들도 모두 개성 만점의 멋진 인물들이었어요. 가족을 부양하기 위해 시골 장터를 떠돌며 채칼을 파는 아버지는 남들 눈엔 난쟁이에 불과하지만 완득이에겐 누구보다 큰 사람이죠. 그런 아버지를 따라다니는 말더듬이 민구 삼촌은 비단결처럼 고운 마음을 가진 의리의 사나이이고, 완득이를 괴롭히기만 하는 것처럼 보이는 동주 선생님은 사실 완득이가 주눅 들지 않고 살아갈 수 있도록 응원해 주는 분이자 핫산 같은 이주 노동자들의 든든한 친구이기도 해요. 동주 선생님의 오지랖 덕에 십수 년 만에 어머니도 만나요. 어머니는 베트남에서 온 이주 여성이어서 완득이가 조금 당황하기는 하죠.

소설 속의 완득이는 자신을 둘러싼 환경에 대해 대놓고 불평하거나 의문을 제기하지 않지만, 현실에서라면 어떨까요? 자신의 가족과 이웃이 경험하는 억울한 사정을 보고 궁금해지지 않을까요? '세상에는 우리 아빠나 엄마, 민구 삼촌이나 핫산 같은 사람들이 얼마나 많을까, 그들은 모두 어떻게 살아가고 있을까, 세상 사람들은 왜 자신과 다르다는 이유만으로 누군가를 색안경을 쓰고 바라보며 함부로 대할까, 왜 화를 내고 불쾌하게 여기거나 아니면 동정하려고만 들까.' 이런 생각을 한두 번쯤 하지 않을 수 없겠죠.

여러분이 만약 장애인인 완득이 아버지나 민구 삼촌, 결혼 이주민인 완득이 어머니, 이주 노동자인 핫산 같은 사람들을 현실에서 만난다면 어떤 생각을 하고 어떻게 대할까요? 복잡한 지하철 안에서 휠체어를 탄 장애인을 볼 때, '저렇게 불편한 몸으로 이렇게 복잡한 지하철을 왜 탔을까?'라고 생각한 적은 없나요? 혹은 말끔하게 차려입은 백인 원어민 선생님을 볼 때와 허름한 차림의 이주 노동자들을 볼 때 어쩐지 다른 태도를 보이진 않았나요? 여러분 자신이 국적과 외모가 다른 부모님 사이에서 태어났을 수도 있지요. 그렇다면 스스럼없이 다가와 손을 내민 친구가 있었나요?

인간은 그 자체로 존엄한 존재이며, 그가 가진 부와 권력, 피부색, 소속 등에 따라 차별받지 말아야 한다는 것을 우리 모두 알고 있어요. 하지만 우리가 사는 현실은 왜 우리가 알고 있는 것과 다를까요? 이제부터 '차별'이라는 것이 어떻게 생겨나고 어떻게 우리 삶 속에서 힘을 발휘하고 있는지 함께 생각하고 이야기해 보도록 해요.

낯선 얼굴과 만나다

외국에서 온 사람들을 텔레비전뿐 아니라 일상에서 꽤 자주 볼 수 있어요. 휴대폰으로 검색하면 온 세상 사람들을 손바닥 안에서 볼 수 있기도 하고요. 외국인이 나오는 텔레비전 프로그램도 많죠.

「비정상 회담」이라는 프로그램을 본 적이 있나요? 세계 여러 나라에서 온 출연자들이 한국 사회와 문화에 대한 여러 주제로 토론하는 프로그램이죠. 출연자들이 자신의 국가를 대표하지만 정치적인 대표가 아니어서 '비정상 회담'이라 부르는데 우리 사회의 상식과는 다른 발언을 한다는 점에서 '비정상'이라고도 볼 수 있을 거예요.

그런데 「비정상 회담」에 나오는 출연진 12명 중 아메리카나 유럽 출신 백인이 8명이라는 것을 눈치챘나요? 시청자들의 호감이나 인기도 백인들이 훨씬 더 많이 끌잖아요. 여러분은 어땠나요? 여러분은 길에서 백인 관광객을 마주칠 때와 중국인이나 아시아권에서 온 관광객을 볼 때, 혹은 이주 노동자로 온 아시아 출신의 사람들을 만날 때 똑같은 느낌인가요, 아니면 다른가요? 탈북 이주민이나 중국에서 온 동포들을 만날 때는 또 어떤가요?

가만히 생각해 보면 그 각각을 대하는 느낌이나 태도가 조금씩 다를 거예요. 누군가에게는 동경과 선망을, 다른 누군가에게는 멸시와 차별의 눈빛을 보내고 있음을 알게 될 거예요. 어째서 그럴까요? 사람은, 아니 존재하는 모든 생명체와 사물은 외모와 형태가 각기 다르기 마련인데 우리는 왜, 어떤 기준으로 좋고 싫고 멋있고 추하고 등등의 감정을 느끼거나 판단을 하는 걸까요?

어떤 얼굴은 힘이 세다

백설공주를 질투하는 왕비가 아니더라도 우린 모두 매일매일 거울을 들여다봐요. 여러분은 거울 속에 비친 자기 얼굴을 보며 어떤 생각을 하나요? 혹시 이런 생각을 해 본 적은 없는지. '눈은 좀 더 컸으면 좋겠고, 진한 쌍꺼풀과 긴 속눈썹, 하얗고 깨끗한 피부를 가졌으면 좋겠어. 오뚝한 콧날과 탐스러운 입술까지 있다면 더할 나위 없겠지. 나도 성형이나 해 볼까?' 그러면서 미남 미녀가 된 내가 길을 걸을 때 사람들이 모두 부러움의 시선을 던지는 걸 상상해 본 적은 없나요? 혹은 아침에 늦잠을 자는 바람에 머리도 못 감고, 세수도 하는 둥 마는 둥 뛰어나온 날은 어쩐지 사람들이 모두 나를 쳐다보는 것만 같아서 쥐구멍에라도 들어가고 싶었던 적은?

그러니까 우리는 어쩌면 누군가의 '시선' 때문에 스스로의 얼굴에 신경을 쓰는 것은 아닐까요? 사실, 거울만 보지 않는다면, 내 얼굴을 내가 볼 일은 없죠. 잘생겼든 못생겼든 불편할 것도 없고요. 하지만

누군가가 나를 본다는 것 그리고 내 외모나 차림새에 어떤 인상을 받거나 평가를 한다는 것을 우리는 알게 모르게 신경 쓰고 살고 있어요. 왜냐면, 내가 남들을 볼 때도 그러니까요.

우리가 하루에도 수없이 마주치는 그 많은 얼굴들을 그냥 아무 생각 없이 보기만 하는 건 아니에요. 우리는 어떤 사물을 있는 그대로 투명하게 볼 수 없지요. '어떤 것'을 '어떤 식으로만' 보게 되는 판단의 '기준'이 우리 안에 있거든요.

예를 들어, 우리는 백인의 피부색이 흑인의 피부보다 아름답다고 생각하죠. 파랗고 동그란 눈과 높은 콧날이 어둡고 작은 눈, 펑퍼짐한 코보다 보기 좋다고 생각하고요. 할리우드 영화 속의 주인공들을 떠올려 보죠. 대부분 백인에, 금발, 크고 푸른 눈, 오뚝한 코를 갖고 있어요. 우리나라 텔레비전 드라마에 등장하는 인물들을 떠올려 보면, 푸른 눈에 금발은 아닐지라도 대체로 백인에 가까운 사람들이 미남 미녀로 통하죠. 얼굴을 평가하는 우리의 기준이 '서양-백인'이라는 걸 부인하기 힘들어요. 이런 점에서 아름다워지기 위해 얼굴을 꾸미고 성형을 하는 건 '서양-백인'에 더 가까워지고 싶다는 욕망과 다르지 않아요.

그런데 우리는 왜 서구적인 아름다움에 대해서만 아름답다고 느낄까요. 아프리카 부족들에게도 그 나름대로의 미의식이 있고 치장하는 법이 있듯이, 나라나 인종마다 아름다움을 표현하고 감상하는 기준과 방법이 있을 텐데, 왜 우리는 그런 것들에 대해선 둔감할까요.

질문을 바꿔 보죠. 여러분은 한국적인 것이라든가 전통의 아름다움이라고 설명된 것들에 대해서 진심으로 공감하고 있나요? 조선시대 「미인도」에 나온 얼굴들 혹은 20세기 초 미인의 얼굴을 담은 사진을 보면, 지금 우리가 생각하는 미인과는 제법 거리가 있다는 걸 알 수 있어요. 동그란 얼굴형에 쌍꺼풀이 없는 작고 가느다란 눈매, 앵두같이 작고 빨간 입술, 이런 것들이 그 시대의 사람들이 인정했던 미인의 얼굴이었어요. 결국 시대나 지역, 문화의 차이에 따라 사람들이 느끼는 아름다움도 다를 수밖에 없을 텐데, 우리는 우리 시대의 미적인 기준을 당연한 것으로 여기고 그 기준에서 벗어나면 추하거나 열등한 것이라고 쉽게 치부하는 건 아닐까요?

철학자 칸트는 '아름다움'이라는 것도 선과 악, 참과 거짓처럼 판단의 대상이라고 말해요. 사람은 대체로 자신이 이해하고 경험한 것을 토대로 아름다움을 판단하며, 경험의 범주 바깥에 있는 대상에 대해서는 판단할 능력이 없다는 것이지요. 그러니까 우리가 아프리카 부족의 화장법이나 한국의 전통적인 미인상을 볼 때 아름다움을 느끼지 못하는 건 우리의 인식의 한계를 보여 주는 당연한 결과일 수도 있겠어요. 우리의 생활양식이 이미 그러한 것들을 낯설게 느낄 만큼 서구화되었고, 서구적인 미의식에 길들여졌기 때문이에요. 하지만 이러한 길들여짐을 당연한 것 혹은 올바른 것으로 무감각하게 받아들여도 되는지 살펴볼 필요가 있지 않을까요.

문명의 얼굴, 야만의 얼굴

서구적인 아름다움이 우리의 얼굴 혹은 외모를 판단하는 기준이 되듯, '서양-백인' 특히 '백인-성인-남자'는 우리뿐만 아니라 서구 사회에서도 무엇인가를 판단하고 어떤 행동을 하는 데 중요한 기준이라 할 수 있어요.

  그는 정치, 경제, 사회적으로 기득권을 누리는 계급에 속하며, 기독교 문화 속에서 살고 있고, 배타적인 이성애 관계에 길들여진 어른을 가리켜요. 이 기준에 따라 피부색은 백인에 가까울수록 아름답고 우수하며 문명화된 것으로 이해되며, 그것으로부터 멀어질수록 추하고 열등하며 야만에 가깝다는 감각이 만들어지지요. 이런 식으로 어린아이보다는 어른이, 여자보다는 남자가, 노인보다는 젊은이가, 더 많은 지식과 경제적 자산을 가진 사람이 중심이 되는 세계가 만들어지는 것이죠. '백인-성인-남자'는 비록 그 수는 많지 않지만, 이 세계의 정치적이고 경제적인 힘의 대부분을 차지하고 있다는 점에서 권력의 상징이기도 해요. 오늘날 이른바 선진국이라고 불리는 나라의 대부분이 백인들의 나라이고, 그곳의 정치, 경제, 군사, 문화 등의 중요한 조직의 대표 다수가 성인 남자라는 점으로도 이것은 확인되지요.

그런데 '서양인의 하얀 얼굴＝문명의 얼굴'이라는 관념은 의심의 여지없이 당연한 것일까요? 이것은 사실 19세기에 만들어진 이념에 불과해요. 19세기에 들어서면서 유럽의 제국주의 국가들이 아프리카와 일부 아시아 그리고 아메리카 대륙에 식민지를 건설할 때 그들이 내세웠던 명분이 '야만을 문명화시킨다.'는 것이었어요. 그러한 명분을 앞세워 그들은 유럽의 바깥에서 자연 자원과 노동력을 확보하기 위한 전쟁을 일으켰죠. 전쟁을 합리화하는 명분으로 이용되었던 이러한 '인종주의'는 19세기에만 국한되지 않았고, 20세기 중반 제2차 세계대전 중 독일이나 러시아에서 벌어졌던 유대인과 동성애자 학살, 그리고 일본의 식민지 조선인과 중국 땅에 있던 소수민족에 대한 생체 실험으로까지 이어져요.

그들은 생각했어요. '열등한 인종이 사라지고, 비정상적인 개인들이 없어진다면, 종의 퇴화를 막을 수 있고, 그렇게 되면 우리는 좀 더 강하고 활기차게 살아남아

우수한 후손들을 번식시킬 수 있다.'고. 이런 주장에 따라 그 시기에 수많은 유대인과 동성애자, 그리고 식민지 소수민족들이 죄 없이 학살당했고 생체 실험의 희생자가 되었던 것이지요.

유럽에서 이주한 백인들이 선주민을 내쫓고 독립국가를 세운 미국의 경우는 어떨까요? 미국은 가장 많은 인종이 모여 하나의 국가를 이루고 있는 나라예요. 그래서 다른 어느 나라보다 인종 문제가 복잡한데, 특히 흑인들을 둘러싼 인종차별 문제는 1619년 20여 명의 흑인들이 버지니아주 제임스타운에 강제로 보내진 이래 여전히 계속되고 있어요. 당시 제임스타운에서는 유럽에서 건너온 사람들이 옥수수 농장을 경영하고 있었는데, 노동력이 부족해 애를 먹고 있었죠. 그들이 부리기엔 아메리카 대륙의 선주민들은 지나치게 독립적이고 반항적이었기 때문에, 그들은 아프리카에서 강제로 끌고 온 흑인들을 농장에서 노예로 부리기 시작했어요. 19세기 초반 무렵까지 약 10~15만 명의 아프리카 흑인이 미국에 팔려 갔고, 그 과정에서 아프리카 땅에 살던 흑인들 중 50만 명이 노예로 팔려 가거나 죽임을 당했다고 해요. 우리가 근대 문명화의 시대라고 부르는 바로 그 시대에 벌어진 일이었지요. 흑인을 노예로 부리고 차별하는 문제는 당시 미국인들 사이에서도 '뜨거운 감자'였고, 우리가 알고 있는 '남북전쟁'의 이유이기도 했어요.

아메리카 대륙에 이주한 유럽인들, 특히 남부에서 농장을 경영하며 흑인들을 노예로 부렸던 사람들은 흑인들을 자신들과 같은 인간이라고 생각하지 않았어요. 그들은 흑인들을 무식하고 게으르며 인간과 동물의 중간 단계쯤에 위치하는 열등한 인종이라고 여겼죠. 남북전쟁 이후, 흑인들은 노예 상태에서 해방되었지만, 그들이 백인들과 같은 인간 대접을 받기까지는 힘겨운 과정을 거쳐야 했어요. 그들은 백인들과 같은 버스를 타고 학교에 가고, 같은 식당과 화장실을 사용하고, 투표권을 얻기 위해 목숨을 걸고 싸워야만 했어요. 그 결과 현재 미국 땅에서 공식적으로 인종차별은 법으로 금지되었지만, 흑인들, 그리고 비백인 유색인종에 대한 일상적 차별은 여전히 알게 모르게 뿌리 깊게 남아 있어요.

미국의 배우인 비올라 데이비스는 2015년에 흑인 여성으로는 처음으로 에미상을 받았어요. 그녀는 수상 소감을 말할 때 19세기 중반 활동했던 흑인 여성 인권운동가 해리엇 터브먼의 아름다운 글을 인용했어요.

"내 마음속엔 선이 하나 있어요. 그리고 그 선 너머에서 사랑스러운 꽃들에 둘러싸인 아름다운 백인 여성이 자기 쪽으로 넘어오라고 내게 손을 내밀고 있죠. 하지만 나는 어떻게 해야 그 선을 넘을 수 있는지 몰라요."

그녀가 말한 '하나의 선'은 보이지 않는 차별의 선이겠지요. 열심히 노력하고 때로는 백인 '여성'들의 지지를 받기도 하지만, 그 보이지 않는 선을 넘어서 자기 능력을 인정받기란 흑인 여성 그리고 다른 유색인 여성에게 여전히 얼마나 어려운 일인지 말하고 있어요. 그래서 데이비스는 이렇게 덧붙이죠. "기회는 흑인-유색인 여성과 나머지(백인 여성)를 가르는 선"이라고요. 어떤 결과에 대한 공평한 평가 이전에 누군가는 단지 피부색이 다르다는 이유만으로 무엇인가를 시도해 볼 기회조차 쉽게 얻을 수 없었다는 걸 그녀는 말하고 싶었던 셈이죠.

물론, 오랜 세월 동안 흑인들과 유색인들은 미국 땅에서 인권을 찾기 위해 꾸준히 싸워 왔고 어쩌면 그 결과 중 하나가 비올라 데이비스의 수상이었을 거예요. 그러니까 중요한 것은 '선'을 넘는 방법을 계속 찾고 시도하고 싸우면서 넘어가는 것이겠죠. 최근에 미국에서 중요한 사회적 이슈가 되고 있는 '흑인의 생명도 중요하다(Black lives matter).'도 이러한 태도로 진행되고 있는 운동의 하나예요.

우리는 어떻게 하얀 얼굴의 가면을 쓰게 되었나

19세기 제국주의자들의 식민지 개척 과정에서 만들어진 '인종주의'는 사라지지 않았고, 지금 우리 안에도 여전히 완강하게 자리 잡고 있어요. 우리는 언제부터 '서양-백인-문명'이 우월한 것이라고 여기며 그것을 기준으로 삼게 되었을까요?

아주 오래전 그러니까, 인천 앞바다에 미국 상선 제너럴셔면호가 출현하고, 일본이 평양에서 청나라와 전쟁을 하던 19세기 후반부터 우리는 낯선 서양과 대면하게 되었지요. 그 후로 일제강점기 36년, 미군정 3년을 거쳐 남한에 '단독정부'를 수립했지만 식민지 경험으로부터 근대를 시작했던 우리는 그야말로 속수무책으로 서구화되지 않을 수 없었어요.

　근대 초기의 동아시아 3국은 서양 따라잡기, 혹은 서양 배우기에 여념이 없었고, 그것이 당시 조선에서는 일본의 식민지가 된 이후에도 식민지 극복의 과제로 자리 잡게 되었지요. 이를테면 이런 논리지요. '우리가 일본보다 서양을 먼저 접했다면, 일본이 우리 식민지가 되었을지도 모를 일 아닌가. 어쨌든 지금이라도 부지런히 서양을 배워서 이 상태를 하루라도 빨리 모면하자.' 물론 이러한 의식은 주로 지식인들 사이에서 발견되는 것이긴 해요. 일본의 식민지가 되자마자 외국으로 망명하거나 숨어들어 독립운동을 했던 사람도 적지 않았고, 재주껏 일제의 앞잡이가 되었던 사람도 부지기수였지요. 그리고 대부분의 힘없는 민중들은 그냥 살아갈 수밖에 없었어요.

　그런데 '식민지'라는 것은 단순히 국권의 상실이라는 정치적 차원의 문제만을 의미하는 것은 아니에요. 내 앞에 놓인 어떠한 현실의 문제에 대해 스스로 판단하고 실행할 능력이 결여되어 있을 때, 내 안에 판단의 근거나 기준을 갖지 못하고 외부의 힘에 기대거나 의심

없이 따라갈 때 우리의 의식과 삶이 식민지 상태에 놓여 있다고 할 수 있어요.

　우리는 앞에서 서양＝문명이라는 등식이 식민지 경험에서 만들어진 것임을 이야기했었죠. 그 시절, 일본인들은 우리를 '조센징'이라고 불렀고 그런 호칭으로 불릴 때마다 우리 조상들은 무척 분하고 수치스러운 기분을 느꼈어요. 사실 '조센징'이라는 말 자체는 아무 문제가 없었어요. 조선인을 조선인이라고 부르는데, 뭐가 문제겠어요. 그러나 모든 언어는 그것이 사용되는 맥락과 어떤 용법으로 사용되는가에 따라 전혀 다른 의미가 되지요. 이를테면, 이런 상황에서의 '조센징'이라면 어떨까요? 양복을 말쑥하게 잘 차려입은 어떤 일본인이 길을 가고 있었어요. 잠시 한눈을 팔다가 앞에 오는 사람을 못 보고 어깨를 부딪쳤죠. 습관적으로 "스미마셍(실례합니다)." 하고 보니, 꾀죄죄한 한복에 끼니도 제대로 못 얻어먹은 듯한 삐쩍 마른 조선인 노동자가 있어요. 순간 일본인은 차갑게 한마디 하고 사라지죠. "조센징!"

　그 일본인의 의식 속엔 일본인은 조선을 지배하는 우월한 문명인이고, 조선인은 변변치 못해서 남의 나라 지배나 받는 무식하고 열등한 야만인이라는 의식이 자리 잡고 있었을 거예요. 이러한 일화는 식민지 시대에만 있었던 것이 아니죠. 그 시대부터 우리 안에 익숙하게 자리 잡아 온 문명과 야만의 이분법은 우리에게 백인의 얼굴

앞에선 상대적으로 열등한 사람으로 행동하고, 유색인을 만나면 상대적으로 우월한 문명인의 얼굴이 되게 하니까요.

특정 얼굴들 밀어내기

2016년 5월 통계청의 통계를 보면 우리나라에 있는 외국인은 142만 5천여 명, 그중 취업자는 96만 명이 조금 넘었어요. 계속 늘어나고 있는 추세라 2018년에는 100만 명이 훌쩍 넘을 거라고 예상하지요. 대부분은 제조업뿐만 아니라 농업과 어업, 서비스업 등 힘들고 저임금을 받는 직종에 종사하지만 요즘에는 전문 사무직도 늘어나고 있다고 해요.

이주 노동자가 국내에 들어온 초기에 이들이 가장 많이 듣는 우리말이 "빨리빨리"와 욕설이었다고 해요. 그리고 가장 정확하게 빨리 배우는 한국말이 "아파요.", "때리지 마세요.", "월급 주세요."라는 말이었다고 하죠. 끔찍한 사건도 많았어요. 한국말을 하지 못하는 한 이주 노동자는 정신병원에 6년 넘게 갇혀 있기도 했고, 불법체류를 단속하는 단속반을 피하려다 사망하는 사건도 한두 번이 아니었지요.

하지만 잘 생각해 보면 모든 이주 노동자들에게 이렇게 대하는 건 아니었어요. 영어나 프랑스어 등을 가르치는 미국이나 유럽 출신의 백인들도 이주 노동자인 셈인데 전혀 다른 대우를 받지요. 학교에 원어민 선생님들이 계시다면 한국에 와서 차가운 시선이나 무시하는 대우를 받은 경험이 있는지 한번 물어보세요. 아마 대부분은 없을 거예요.

우리 안에 있는 '백인-문명'의 얼굴은 비백인의 얼굴을 야만에 가까운 것으로 여기며 상대적인 우월감과 차별의 태도를 만들어 내곤 하지요. 그리고 그것은 지금 우리와 함께 살고 있는 피부색이 다른 이주민들을 '밀어내기'(배제)하는 방식으로 자주 나타나곤 해요. 밀어내기의 방식은 직접적인 폭력의 형태를 보이거나, 능력을 발휘할 기회를 주지 않으며 차별하는 식으로 나타나죠. 특히 미등록 이주 노동자에 대한 단속과 강제 추방은 밀어내기의 대표적인 예예요.

네팔에서 온 미누라는 이주 노동자가 있었어요. 얼굴도 한국 사람과 거의 구별되지 않았고 한국에서 18년을 살아서 한국말과 한국 문화에 아주 익숙했어요. 몇몇 친구들과 밴드를 결성해서 일하는 틈틈이 공연도 하러 많이 다녔고, 한국인 친구도 많았어요. 그는 한국을 자기 고향처럼 정말로 사랑했죠. 하지만 미누는 어느 날 갑자기 아침 출근길에 단속반에 붙잡혀서 네팔로 강제 출국 당하고 말았어요. 그가 정부에서 허가한 체류일자를 넘겨서 불법체류(미등록)하는 상태였기 때문이었어요. 추방된 미누는 고향에서 한국을 그리워하며 한국을 알리는 여러 활동을 하며 살고 있다고 해요.

한국에 와 있는 이주 노동자 중에 미누와 같이 미등록 신분인 사람들이 겪어야 하는 불안과 고통을 우리는 쉽게 상상할 수 없을 거예요. 그들은 고용주로부터 부당한 대우를 받거나 임금이 체불되어도 호소할 곳이 없고, 몸이 아파도 안심하고 병원에 갈 엄두를 내기도 힘들겠지요. 그들은 단지 체류 신분이 불안정한 이주 노동자라는 점 때문에 어려움 속에서 살아가고 있어요. 그럼에도 불구하고, 그들 대부분은 한국에서 일하며 살아가고 싶어 해요.

'밀어내기'는 단순히 그들이 우리와 다르게 생겼기 때문에 벌어지는 일이 아니에요. 여기에는 그들이 우리보다 '열등하거나 나쁘다.'는 편견과 혐오 의식이 숨어 있지요. 이를테면, 이주 노동자들은 한국인들보다 무능한데 그들이 한국에 들어오고 나서 우리 일자리가 줄었다거나, 범죄율이 높아졌다는 식으로 생각하는 것이에요. 하지만 이주 노동자들이 한국에 들어와 생활과 관련된 소비에 참여하면서 오히려 전체 일자리 수는 늘어났고, 외국인 범죄율 또한 전체 인구 대비 2%가 채 되지 않는다는 통계에도 관심을 가질 필요가 있어요. 또 이들이 하고 있는 일은 대부분 너무 힘든 일이라 한국인들이 하려고 하지 않아서, 일자리를 뺏는다는 것도 사실과는 달라요.

지금 우리가 익숙하게 만나는 이주 노동자는 1988년 서울 올림픽 이후 본격적으로 한국 땅을 밟았지만, 우리의 조상들은 20세기 초반부터 나라를 떠나 외국에 이주하기 시작했어요. 하와이 사탕수수 농장에 이주한 것을 시작으로 일제강점기에는 일본이나 중국, 러시아까지 진출했고, 1960~70년대에는 독일에 탄광 노동자나 간호사로 이주한 사람들이 많았어요.

지금도 세계 각지에는 보다 풍요로운 삶을 꿈꾸며 이민자 혹은 이주 노동자로 살고 있는 한국인들이 많이 있지요. 그들이야말로 지금 한국 사회에서 이주 노동자들이 겪고 있는 불편과 불평등을 누구보다도 잘 이해하고 있을 거예요. 그들 또한 언어와 문화와 인종이 다른 지역에서 비슷한 일들을 경험한 적이 있을 테니까요. 일본에 살고 있는 재일 조선인들은 '혐한'의 직접적인 타깃이 되곤 하고, 미국에 살고 있는 사람들은 유색인종 차별을 경험하곤 하지요.

이러한 차별은 대체로 그들이 살고 있는 국가의 경제적 불평등과 사회, 정치적 불안이 커질수록 노골적으로 드러나요. 그들 국가의 '국민'이 아닌 외부인들에 대한 차별과 공격적인 혐오의 태도로 내부적인 불평과 불만을 잠재우려는 시도로 볼 수 있지요. 미국의 45대 대통령 트럼프는 '다시 위대한 미국을 만들자.'는 슬로건 아래 멕시코 국경에 장벽을 세우고, 이슬람 국가 출신 이민자들의 출입국을 까다롭게 하는 정책을 펴고 있어요. 그러자 시민들 사이에서는 유색인 이웃들을 향한 크고 작은 증오와 혐오 범죄가 더 자주 일어나고 있지요.

지우고 섞어 버리기

이주 노동자와 마찬가지로 피부색과 언어, 국적이 다르지만 그들보다 조금 더 안정적으로 한국에 거주하는 사람들도 있어요. 그들 중유학이나 파견 근무 등의 목적으로 특정 기간에만 체류하는 외국인들을 제외하면, 결혼 이주민들이 가장 많지요. 결혼 이주민이란 한국인과 결혼하여 한국 땅에 정착한 외국인을 가리키는 말이에요. 완득이의 엄마 같은 경우지요. 남자보다는 여자가 많고, 이주 노동자와 마찬가지로 아시아 나라 출신이 많으며, 도시보다는 농촌에 거주하는 경우가 많아요.

한국 사회에서 이주 노동자가 밀어내기 혹은 차별과 배제의 대상이라면, 결혼 이주민들은 대표적인 '섞어 버리기(동화)'의 대상이라고 할 수 있어요. 한국인과 결혼했기 때문에 그들은 합법적으로 한국 땅에 체류할 수 있고, 한국인으로 귀화하는 것도 어렵지 않죠. 또한 한국인과 마찬가지로 법의 보호를 받으며, 다양한 교육과 의료, 복지 혜택을 받을 수도 있어요. 이러한 정책적 배려들 속에서 결혼이주민들은 자연스럽게 한국인의 일부로 자리 잡게 되는 셈이지요.

하지만 '섞어 버리기'가 이주민들에 대한 진정한 배려와 환영의 태도일까요? 그렇지는 않아요. 우선 그들이 정해진 법과 관습의 틀안에 머물지 않는다면 언제라도 '밀어내기'의 그물에 쉽게 걸려 버리기 때문이지요. 이를테면, 한국인과 결혼한 이주 여성에게는 2년 동안 결혼 생활을 유지했다는 증거가 있을 때에만 영주권을 신청할 자격이 주어지죠. 만약 이혼을 하면, 1년~3년마다 체류 신분을 변경하는 신청을 하고 허가를 받아야만 합법적으로 한국 땅에 머물 수 있어요. 때문에 많은 결혼 이주 여성들은 한국에서 안정적으로 체류할 수 있는 신분을 유지하기 위해 심각한 가정불화나 폭력, 따돌림 등의 고통을 고스란히 견디며 살아가기도 해요. 그녀들에겐 가부장적인 한국 사회의 결혼 문화 자체가 대단히 낯선 것으로 느껴질 수도 있겠지요. 하지만 한국어가 서툴기 때문에 자신들을 보호해 줄 제도에 접근하기 힘들며, 취업이 어렵기 때문에 경제적으로 독립하는 것도 쉽지 않아요.

이주 노동자들과 마찬가지로 한국에서 결혼 이주 여성들이 할 수 있는 일은 힘들고 고된 것들로 제한되고 직장에서도 차별 대우를 받기 쉬워요. 거기에 여성이라는 이유만으로 받는 차별까지 그녀들은 이중의 고통에 시달리는 셈이에요. 뿐만 아니라, 자녀들과의 소통이나 교육 문제 등도 감당하기 쉬운 문제는 아니지요.

국적과 피부색이 다르고, 여성이며 어머니라는 이유 때문에 그렇지 않은 사람들보다 더 힘겨운 삶을 살아야 하는 사람들이 존재하고 있어요. 하지만 우리는 그동안 그녀들의 모습을 볼 수 없었고, 그녀들의 목소리를 들을 수 없었어요.

완득이처럼 부모님 중 한 분이 한국인이 아니거나 부부가 모두 비한국인으로서 한국 땅에 정착해 사는 경우를 우리는 '다문화 가정'이라고 불러요. 바꿔 말해, 한국인으로만 구성된 가족이 아닌 경우 다문화 가정이라 할 수 있어요.

영화 「완득이」를 떠올려 볼까요. 영화 속에서 완득이 역할을 한 배우가 젊고 잘생긴 한국인이기 때문에 우리는 쉽게 완득이를 한국인이라고 생각해 버렸는지 몰라도 사실은 그렇지 않죠. 아버지와 어머니의 유전자를 골고루 나눠 받았을 완득이의 외모는 사실 다수의 한국인 친구들과는 다른 특성을 지니고 있었을 거예요. 그것이 어쩌면 완득이와 반 친구들 사이에 약간의 거리감을 만들었을지도 모르고요. 완득이는 어딘가 모르게 달라 보이는 외모 때문에 친구들에게 놀림당했을 수도 있죠. 그래서 완득이는 학교생활이나 친구들에게 크게 흥미를 느끼지 못하는 것처럼 보여요. 반 친구들도 완득이에게 별 관심을 기울이지 않고요.

물론 영화의 앞부분에서는 완득이의 어머니가 이주민이라는 사실이 밝혀지진 않았지만, '나는 저 아이들과 달라.'라는 의식이 완득이에겐 있고, 친구들 역시 '저 녀석은 어딘지 모르게 우리랑 다른 것 같아.'라고 생각하며 서로 거리를 두고 있는 것처럼 보여요. 친구 혁주만이 예외적으로 완득이에게 관심을 보이며 화를 돋우거나 친한 척하죠.

완득이는 장애를 가진 아버지와 민구 삼촌을 사랑하고 교회에서 엉뚱한 기도를 할 만큼 순수한 영혼을 가진 친구지요. 나중에 킥복싱을 배운 후부터는 자신이 원하는 것을 위해 열심히 노력하는 모습도 보여 주고요. 완득이의 독특한 외모는 열등함의 증거가 아니라 오히려 그만의 개성과 능력을 의미하는 것은 아닐까요?

또 영화 속의 완득이는 아주 어렸을 때 어머니가 집을 나가셨기 때문에 어머니 나라의 언어나 문화를 전혀 모른 채 자라났지만, 대부분 다문화 가정의 자녀들은 한국인 부모 아래에서 자란 친구들에 비해 다양한 언어적 지식과 문화적 경험을 갖고 있기도 해요. 그러므로 '다르다'는 이유만으로 낯설어하고 거리를 둘 것이 아니라, 조금 더 가깝게 다가가고 친구가 된다면, 서로 하지 못한 경험이나 알지 못하는 것을 배울 수 있는 좋은 기회가 될 수 있지 않을까요?

2017년 『타임』지는 '세계에서 가장 영향력 있는 십대 30인'을 발표했는데, 그중 한현민이라는 이름이 있었어요. 2017년 당시 만 16세 고등학생으로 모델로 활동하고 있고 여러 텔레비전 프로그램에도 얼굴을 비치기 시작했어요. 외모만 보고 영어로 말을 걸었는데 "저 영어 못해요. 한국 사람이에요."라고 대답하는 모습이 크게 화제가 되었죠. 한현민 군은 나이지리아 국적의 아버지와 한국 어머니 사이에서 태어났어요. 이른바 '다문화 가정'이죠. 어렸을 때는 사람들의 차가운 시선 때문에 상처를 받기도 했지만, 쾌활하고 씩씩한 그만의 독특한 개성을 마음껏 발휘하고 있지요.

피부색이 다른 이주민에 대한 한국 사회의 태도 중 하나가 '섞어 버리기'라는 것을 잠깐 떠올려 봅시다. 사람은 생명 없는 사물과는 달라서 섞어 버림으로써 어느 한쪽의 색깔이나 성질이 완전히 사라지지 않지요. 그래서 소수의 한쪽을 다수의 또 다른 한쪽에 강제로 섞어 버리려는 시도는 그 자체로 폭력적인 성격을 보일 수밖에 없는지도 몰라요. 섞어 버림으로써 소수의 사정이나 특징을 무시하는 것이 될 테니까요. '섞어 버리기'보다는 다르다는 것이 불러올 다양함에 마음을 열어야 하지 않을까요?

빨리, 완전히 같아지라는 주문

결혼 이주민과 그 자녀들이 반쯤의 배제와 반쯤의 동화 속에서 살아가고 있다면, 북한을 탈출해 한국 땅에 정착한 탈북 이주민은 완벽한 동화의 대상이라고 할 수 있어요. 그들이 우리와 피부색이 같고, 같은 언어를 사용하며, 적어도 1945년 이전까지의 역사를 공유하고 있기 때문에 다른 이주민들과는 다르게 대하는 셈이에요. 또한 이산가족의 존재는 탈북 이주민을 우리의 일부로 바라보게 하죠.

하지만 남북한 사람들은 분단 이후 70여 년 가까이 서로 다른 정치체제에서 각기 다른 방식으로 살아왔다는 점에서 서로 다른 존재이기도 해요. 탈북 이주민 역시 이주 노동자나 결혼 이주민과 마찬가지로 외부로부터 한국 땅에 들어와 살게 된 존재라는 점에서 우리에게 낯선 존재이지만, 언어나 피부색으로 쉽게 식별할 수 없다는 점에서 더 쉽게 섞어 버리기의 대상이 되지요.

하지만 같은 언어를 사용하고 같은 피부색을 갖고 있다는 것을 제외하면 탈북 이주민은 우리에게 가장 낯선 존재이기도 해요. 1990년대 중반 이후 본격화된 북한 주민들의 한국행은 해마다 증가하다 최근에는 줄어들고 있어요. 이들은 얼마간의 사회 적응, 학업 및 취업 관련 교육을 받은 뒤 정착하게 돼요. 탈북 이주민은 이주 노동자나 결혼 이주민에 비해 합법적인 신분을 얻기 쉽고, 교육, 의료, 취업, 주택 등 다양한 제도적 혜택을 누리기도 하지만, 다른 이주민들과 마찬가지로 사회의 차별적 시선으로부터 자유롭지 못하죠.

탈북 이주민들은 왜 한국에서 사는 데 어려움을 느낄까요? 무엇보다 그들에게 익숙한 사고방식을 버리고 새로운 방식을 따를 것을 요구받기 때문이라고 해요. 대다수의 한국인들은 그들을 '가난한 공산주의 국가에서 도망쳐 온 불쌍한 사람들'이라고 생각하며, 한국 사회에 얼른 적응해야 한다고 믿어요. 동정하는 한편으로 한국 사회에 대해 자의적으로 가르치려 드는 사람도 많고, 극단적으로는 세금을 축낸다는 시선까지 있어, 차라리 자신이 '중국 동포'라고 거짓말을 하는 게 편하다고 하는 경우도 있어요. 아주 큰 고통이 따를 것이

분명함에도 북한으로 다시 돌아가는 경우도 꽤 있다고 하지요. 또 탈북 청소년들의 경우, 입시 위주의 교육제도와 무한 경쟁을 요구하는 사회 분위기에 적응하지 못하며 또래 친구를 사귀는 데에도 어려움을 겪고 있다고 해요.

'섞어 버리기' 즉 '동화'는 '다른 것'을 강제로 '같아지게' 만든다는 점에서 폭력적인 것이기도 해요. 그들이 우리보다 '열등하다'는 전제 속에서 동화가 진행되기 때문이죠. 탈북 이주민들에 대한 차별적 시선은 그들을 열등한 존재로 바라본다는 의미이며, 그들 개개인이 지니고 있는 인격과 경험, 지식과 개성을 제대로 인식하지 않는다는 뜻이니까요. 중요한 것은 그들이 '우리인가 남인가'를 판단하기 이전에, 그들 역시 우리와 마찬가지로 인간으로서의 존엄과 가치를 지닌 존재임을 먼저 인정하는 것이 아닐까요?

그들은 이주민이라는 점에서 우리와는 다르지만 우리와 많은 부분을 공유하고 있는 존재이기도 하니까요. 그들은 우리보다 열등한 존재가 아니라, 다른 사회체제에서 다른 방식으로 살아온, 우리와 같은 피부색과 언어와 역사를 공유하고 있는 가장 가까운 사이라는 것, 하지만 아직까지는 서로가 서로에 대해 아는 것이 거의 없음을 인정하는 것으로부터 진정한 관계는 시작될 수 있을 거예요.

우리 자신을 비추는 낯선 얼굴들

이제 우리는 우리 사회가 '서양-백인-문명'을 기준으로 사람들을 서열화하는 데 얼마나 익숙한지 알게 되었어요. 그것에 따라 우리와 다른 존재들을 밖으로 밀어내거나 강제로 끌어들여 우리 안에 섞어 버리는 일을 반복하고 있다는 것도요.

여기서 '밀어내기'와 '섞어 버리기'는 이주민들에 대한 국가 정책의 성격과 그들을 대하는 한국인들의 태도를 동시에 보여 주는 말이에요. 밀어내기가 주로 피부색이나 언어 등이 완전히 다른 사람들에 대한 태도와 연관된다면, 섞어 버리기는 한국인과 결혼을 한 외국인, 탈북 이주민, 조선족 동포들과 같이 구별해 내기가 애매한 경우의 사람들을 향한 태도라고 할 수 있어요.

예를 들어, 조선족 동포들은 국적은 중국이지만 혈통은 한국인이며 중국어와 함께 그들만의 독특한 억양과 단어가 포함된 조선족-한국어를 동시에 사용하죠. 그들의 여권을 들여다보거나 말을 걸어 보지 않는 한 그들이 비한국인이라는 것을 알 수는 없겠죠. 때문에 그들은 밀어내기보다는 섞어 버리기의 대상이 되는 것이겠지요.

그런데 일반적으로 한국에서 살고 있는 비백인 이주자들은 한국인보다 '낮은' 위치에 놓여요. 그래서 서울의 한 고급 한식당에서는 조선족 종업원들에게 근무 시간 중 중국어 사용을 금지하기도 했대요. 주인이 이해할 수 없는 언어로 대화한다는 점이 불안해서이기도 했고, '여기는 조선족이 일하지 않는 고급 식당'이라는 이미지를 보여 주고 싶었기 때문이라고 해요.

문제는 사회가 불안하고 경제가 불황일수록 사람들은 자신들의 분노와 무기력의 원인을 외부에서 찾으려는 시도를 하게 되는데, 이때 다양한 성격의 이주민들과 장애인, 성소수자, 여성 등 사회적 소수자나 약자들이 쉽게 그 표적이 된다는 점이에요. 사람들은 경쟁 사회의 피로와 불공평한 부의 분배에서 비롯된 상대적 박탈감을 자기보다 약하거나 불리한 위치에 있는 사람들에 대한 폭력과 혐오를 표현하는 식으로 해소하려고 하죠.

여러분은 영화 「완득이」에서 베트남에서 시집온 완득이 엄마 역할을 했던 이자스민 씨를 알고 있겠죠. 그녀는 한국인과 결혼해서 한국에 귀화한 필리핀인으로 영화에 출연하기 전에는 다문화 가정을 지원하는 시민 단체에서 일했고, 국회의원이 되어서 활발한 의정 활동을 펴기도 했었지요.

하지만 이자스민 씨를 보는 우리의 시선은 곱지만은 않았어요. 그녀가 이주민 어린이들도 차별받지 않고 교육받을 권리가 있다는 법을 제정하기 위해 노력했을 때, 사람들은 "왜 우리 세금으로 미등록 이주 아동들을 교육시켜야 하냐."고 흥분했고, 그녀가 위안부 기림비를 국회 안에 세우지 말고 사람들이 많이 모이는 광화문 광장에 세우자고 말했을 때, "건방지다. 네 나라로 가라."고 화를 냈어요. 그녀는 19대 국회의원 중 열심히 의정 활동을 한 의원 중 한 사람이었지만, 언론은 휴식 시간에 간식을 먹고 인터넷 서핑을 하는 모습만 보도했죠.

하지만 우리보다 가난한 나라 출신으로 국회의원이 된 그녀의 존재는 이제 더 이상 한국 사회가 '한국인'만의 사회가 아님을 증명하는 건 아닐까요? 혹은 한국인의 정의는 이제 피부색과 언어를 기준으로 하는 것에서 더 넓게 확장되어야 한다는 것을 의미하는 건 아닐까요? 어쩌면 이자스민 씨와 같은 경우는 이주민들에 대한 우리의 부정적인 태도를 비추는 거울이자 낯선 얼굴들과 더불어 산다는 것이란 무엇인지에 대해 진지하게 고민하게 하는 계기가 될 수 있지 않을까요?

정상과 비정상은
어떻게 만들어지는가

'차별한다는 것'의 두 번째 이야기는 '정상'과 '비정상'에 관한 것입니다. 너무 뻔한 이야기인가요? 하긴, 우리 모두 무엇이 정상인지 비정상인지는 누가 알려 주지 않아도 잘 알고 있으니까요. "너 정상이냐?", "정상적인 상태가 아니군.", "그렇게 해야 정상적이지…….", "검사를 받았더니, 정상이래." 등등 일상생활에서도 정상과 비정상으로 나누는 말을 쉽게 사용하기도 하지요.

그런데 우리가 일상적으로 '정상'이라는 말을 사용할 때, 그것은 대체로 반대말인 '비정상'을 염두에 두고 하는 말이죠. 무엇이 정상인가는 그 자체로는 알 수가 없어요. 그것은 항상 정상적이지 않은 상태나 존재와 맞대응하고 있지요. 이를테면, '정상인'은 정신과 신체의 모든 기관이 온전하게 자리 잡고 있어서 자연스러운 활동이 가능한 사람을 뜻하는데, 이러한 개념화가 가능한 까닭은 그것의 대립항으로 몸과 마음이 정상적이지 않은 사람을 동시에 연상하거나 전제할 수 있기 때문입니다.

사전을 찾아보면, 정상이란, '바른 상태 혹은 이상한 데가 없는 보통의 상태'를 일컫는 말이라고 나와요. 그러니까 비정상은 바르지 않은 상태 혹은 보통이 아닌 이상한 상태를 의미한다고 볼 수 있겠죠. 이 말은 사실, 대단히 모호한 것이기도 해요. '바른 상태'란 무엇일까요. 사람의 몸을 중심으로 생각해 보면 '있을 것 다 있는 상태'라고 생각할 수도 있겠죠. 하지만 있을 것 다 있다고 해서 모두 정상이라고 부르지는 않아요. 어떤 사람이 코가 다른 사람의 두 배쯤 크거나 귀가 다른 사람의 절반 정도밖에 되지 않을 때, 그를 정상이라고 부르지 않으니까요. '이상한 데가 없는 보통의 상태'에서 어긋나기 때문이죠. 또, 누군가 겨울에 반팔 티셔츠를 입고 여름에 오리털 점퍼를 입고 다닌다면 그를 이상한 사람이라고 생각할 거예요.

어쩌면, 정상이란 다수에 속하거나 평균적인 것 혹은 같은 것을 뜻하는 말은 아닐까요? 바꿔 말해, 비정상이란 소수에 속하거나 예외적인 것 혹은 다른 것과 관련된 말은 아닐까요? 이제부터 우리가 알고 있던 정상과 비정상이라는 말 속에 숨어 있는 다른 의미에 대해 하나씩 생각해 보도록 하지요.

식인과 광인

우리는 무엇을 기준으로 정상과 비정상을 나눌까요? 우리의 행동이나 대화 내용이 상대가 이해하고 받아들일 수 있는 범위를 벗어날 때, 친구들끼리라면 당장 이렇게 말하죠. "야, 너 미쳤어?" 이와 같이 정상이 아닌 것에 대해 우리의 가장 일반적인 반응은 '미쳤다'는 것인데요. '미치다'는 생각이나 행동이 보통 사람과 다른 상태가 됨을 뜻하는 말로서, 심각한 경우엔 의학적인 치료가 필요한 환자를 떠올리게 되죠.

아래의 글은 어떤 사람이 쓴 일기의 한 부분이에요. 잘 읽어 보고 그가 어떤 사람인지 한번 떠올려 보세요.

모든 일이란 연구해 보아야 비로소 알 수 있는 것이다. 옛날부터 사람을 잡아먹어 왔다는 것은 나도 기억하고 있지만 그렇게 확실하지는 않다. 그래서 역사책을 펼쳐서 조사해 보았더니, 이 역사책엔 연대도 없고 각 페이지마다 비스듬하게 '인의도덕'이라는 글자가 씌어 있었다. 나는 잠을 잘 수가 없었기 때문에 오밤중까지 자세히 살펴보다가 비로소 글자와 글자 사이에서 또 다른 글자를 찾아내었다. 책 가득히 씌어 있는 두 개의 글자는 '식인'이라는 것이었다.

역사책에서 '식인'이라는 글자를 찾아내다니, 이 사람은 정상이 아닌지도 몰라요. 이 글의 화자는 사람들이 자기를 그리고 서로를 잡아먹으려고 한다고 생각하죠. 사람들은 이런 화자를 보고 '미쳤다'고 생각하고요. 그는 '4천 년 동안 사람을 잡아먹어 온 곳', '식인 풍습'을 당연한 것으로 여기는 시대에 살고 있는 사람이에요. 식인 풍습이란 '인의도덕'이라는 말로 사람이 사람을 지배하는 것, 가진 자가 가난한 자를 억압하는 것을 의미해요. 그것을 당연한 것으로 받아들이던 시대에 그것이 옳지 않다고 말하는 자가 있다면 그는 '미치광이' 취급을 받겠죠. 이 글의 화자 역시 마찬가지였어요. 그는 세금을 줄여 달라는 소작농들의 호소를 무시한 큰형에게 이렇게 말해요. "옛날부터 늘 그랬다고 해도 오늘부터라도 각별히 착하게 되고자 마음먹고 우리는 사람을 잡아먹을 수는 없는 것이라고 말하십시오." 하지만 화가 난 큰형과 사람들이 그를 방에 가두어 버리죠.

이 글은 루쉰이라는 중국 작가가 쓴 「광인일기」라는 소설의 일부인데요. 작가는 처형당한 사형수의 피를 만두에 찍어 먹는 폐병 환자의 이야기나 가뭄에도 소작인들의 세금을 줄여 주지 않는 지주의 이야기를 통해 근대 이전 중국의 '식인 풍습'을 비판하고 있지요. 그는 오랜 시간 동안 계속되어 온 악습을 당연한 것으로 생각하는 사람들 틈에서 그것을 깨 버리자고 외치는 각성한 자는 '광인' 취급을 받을 수밖에 없다는 점을 보여 주고 있어요.

루쉰이 이 소설을 발표한 것은 1918년이었고, 중국은 과거의 유교적인 세계관에서 완전히 벗어나지 못한 상태, 신분과 권력으로 사람들을 차별하는 것을 당연한 것으로 여기던 시대였어요. 이런 시대에 모든 인간은 평등하며 그 자체로 존엄하다고 주장하는 사람이 있다면 그는 미치광이 취급을 받을 수밖에 없었겠지요. 지금이라면, 반대로 '사람이 사람을 먹을 수 있다.'거나 '사람은 신분에 따라 차별해야 한다.'고 주장하는 사람을 비정상인 취급하겠지요.

이런 점에서, 정상과 비정상이란 고정불변의 개념이 아니라 시대나 집단이 가진 관습이나 세계관에 따라 달라질 수 있는 유동적인 개념이라고 할 수 있어요. 우리가 광인이라고 부르는 비정상인 또한 어느 시대에나 있어 왔지만, 시대마다 그들을 대하는 태도나 정의도 달랐어요. 유럽의 중세 시대에는 풍속을 어지럽히는 사악한 존재라는 누명을 씌워 '마녀'들을 화형시켰고, 르네상스 시대에는 '광인'들을 배에 태워서 여기저기 떠돌아다니게 했죠. 17세기 중반 파리에 구빈원이 설립되었을 때, 거기에는 방탕한 사람, 범죄자, 광인, 노숙자, 동성애자 등이 함께 수용되었어요. 18세기 중엽이 지나서야 광인들이 치료의 대상으로 분류되기 시작했다고 해요.

이렇듯, 정상과 비정상 그리고 이성과 광기는 각 시대와 사회가 지닌 지식의 정도와 가치관, 규범 등에 따라 매번 다른 방식으로 분류되고 그에 대한 태도 역시 변해 왔어요. 그런데 우리 시대에도 식인과 광인이 있을까요? 있다면 여러분은 누가 식인이고 누가 광인이라고 생각하세요?

누구에게나 가족은 있지만

대부분의 사람이 갖고 있으며 당연하게 생각하는 것, 그래서 그것을

갖지 못하거나 다른 형태를 갖고 있는 사람들을 이상하게 바라보게 만드는 게 있다면? 가장 먼저 떠오르는 건 바로 '가족'이 아닐까요? 가족은 공적인 생활에서 지친 심신을 재충전할 수 있는 휴식 공간을 제공하며, 학교나 사회, 국가가 책임질 수 없는 사적인 부분에서의 개인의 교육을 책임지죠. 또한 가족은 독립적인 사회 활동이 힘든 아이와 노인을 부양하고 보호하는 책임과 윤리를 담당하고 있기도 해요. 가족은 공동체와 국가를 형성하는 가장 기본적인 단위라고 할 수 있어요.

그런데 '우리' 또는 '내' 가족에 대해 한 번이라도 의문을 가져 본 적이 있는지요? "우리 집은 왜 이렇게 가난해?"라거나 "우리 아빠는 너무 뚱뚱해."와 같은 구체적인 불만들 말고, '엄마-아빠-나'가 기본 구조를 이루고 있는 '가족'이 정말 당연한 것인가에 대한 의문 말입니다.

어떤 기발하고 유머러스한 사전은 가족
을 다음과 같이 정의하고 있어요.
"한 집에 사는 개인의 일단. 그
구성원은 남자, 여자, 아이, 하인,
개, 고양이, 애완용 새, 바퀴벌레,
빈대, 벼룩 즉 현대 문명사회의 구
성단위. 사실은 아무것도 책임져
줄 수 없으면서 가장 큰 책임을 요
구하는 공동생활의 단위." 어때요?

그럴듯한가요? 그 사전은 가족의 최대 덕목인 '화목'에 대해서 이렇
게 말하고 있어요. "전후 상황에 관계없이 손님이 방문했을 때 즉각
적으로 가족 내에 형성되는 분위기." 재미있는 표현 아닌가요? 그런
데 여기에는 재미 그 이상의 '가족'에 관한 날카로운
통찰이 숨어 있어요.

일반적으로 가족이란 한 남자와 한 여자
가 만나서 결혼하고 아이를 낳아 함께
기르며 생활하는 과정에서 만들어
지는, 부부(남자와 여자)를 중심으로
한 혈연 공동체를 의미하지요. 그러
니까 우리는 '가족'이라는 말을 들으

면 '엄마-아빠-나'로 구성되는 삼각형 구도를 자연스럽게 떠올리고, 이런 기본 구도를 정상적인 것, 그렇지 못한 경우를 비정상적인 것으로 이해해요. 물론, 이런 식의 가족 형태가 다수이기는 해요. 하지만 세상에는 이런저런 이유로 엄마-나-동생 혹은 할머니-아빠-나, 또는 누나-나-동생이나 할아버지-형-나로 구성된 가족도 적지 않아요.

이런 점에서 정상적인 가족이 있고 그렇지 못한 가족이 있다는 식으로 생각하기보다는, 현대사회에는 이전에는 볼 수 없었던 다양하고 새로운 형태로 가족을 구성하는 사람들이 늘어나고 있다는 점을 이해하는 것이 중요해요. 이를테면, '1인 가족'과 같은 경우가 있겠지요. 1인 가족은 누군가를 부양하거나 누군가에게 부양되지 않으며 독립적으로 생활하려는 의지를 가진 일부 성인들이 스스로 선택한 가족의 형태예요. 가족이란 흔히 2명 이상의 복수로 구성되는 공동체라는 고정관념을 넘어서고자 하는 1인 가족 생활자들은 모든 생활을 스스로 꾸려 나가려 하며, 고독과 외로움을 즐기고, 혼자이기 때문에 더 많은 친구나 이웃, 동료들과 친밀한 관계를 유지할 수 있다고 해요. 이따금 그들은 사람이 아닌 존재들, 개나 고양이 혹은 식물들과 가족을 이루어 살기도 하죠. 물론, 모든 1인 가구가 긍정적인 의미를 지니는 것만은 아니에요. 어쩔 수 없는 상황 때문에 가족과 떨어져 생활하는 사람도 있고, 고아나 독거노인처럼 가족 없이 살아야만 하는 사람도 우리 사회 어디엔가 존재하기 때문이에요.

또 하나의 가족?

여기 한 편의 영화가 있어요. 아버지를 중심으로 한 가부장적인 가족 구조와는 다른 가족의 모형을 보여 주는 영화예요. 「안토니아스 라인」이라는 제목 그대로, 안토니아라는 여자를 중심으로 한 가계 (家系)가 만들어지는 과정을 보여 주고 있는 이 영화는 우리가 익숙하게 알고 있는 가족과는 또 다른, 여자 4대와 그녀들의 친구들이 만들어 가는 가족의 모습을 보여 주고 있어요.

2차 대전이 끝난 직후, 네덜란드의 어느 작은 마을. 안토니아는 어머니의 임종을 지키기 위해 열여섯 살인 딸 다니엘을 데리고 고향으로 돌아오죠. 어머니의 농장을 물려받은 안토니아는 부지런히 일하면서 가족들을 보살피고 이웃들과도 따뜻한 유대 관계를 맺으며 마을에 성공적으로 정착해 나가요. 안토니아는 수동적이고 내성적이며 집 안에서만 안주하는 주부가 아니었어요. 농사일을 할 때는 남자들만큼 씩씩하게 씨를 뿌리고 볏단을 나르죠. 손녀딸을 위기에서 구하기 위해 마을 건달들을 향해 장총을 빼 들고, 딸아이의 좋은 배필을 구하기 위해 시내에 나가 훌륭한 청년을 물색하는 일에도 적극적이에요. 오갈 데 없는 불쌍한 사람들을 위해 언제나 식탁 한 자리

쯤은 비워 두고, 이웃의 불행과 근심을 나누기 위해 대문을 언제나 열어 두고 살아요.

이 영화가 단지 여자들만의 이야기를 하는 것은 아니에요. 혈연적인 관점에서 볼 때 안토니아의 집은 여자 4대의 삶과 죽음에 대해서, 그리고 여자들만의 가족 관계에 대해서 말하고 있는 것처럼 보이기도 하지만, 사실 안토니아의 집은, 그리고 그녀의 가족은 매우 다양한 사람들이 들고 나면서 매번 다른 모습으로 태어나요. 안토니아가 사람들을 위해 준비하는 '만찬'과 그녀의 식탁은 시간이 지날수록 더 많은 사람들이 섞이고 즐기면서 더욱 풍성해지니까요.

보통의 가족이 재물을 모으고 합법적으로 상속하는 제도 속에서 의미를 얻는 데 반해, 안토니아의 가족은 혈연적 관계를 넘어서 서로가 가지고 있는 것을 나누고 공유하는 과정 속에서 만들어집니다. 그녀와 그녀의 딸들은 보통 사람들과는 다른 방식으로 살아요. 그녀들은 세상이 정해 놓은 '정상'의 울타리에 안주하지 않을 뿐만 아니라 스스로 만들어 낸 가치에 따라 자신 있게 삶을 꾸려 나가요. 다수의 '정상'으로부터 배제되고 차별받는 '비정상'들을 위해 그녀들의 집은 언제나 열려 있죠. 동성애자인 라라, 이방인 바스, 지적장애인 디디와 미친입술, 정신 질환을 앓고 있는 마돈나 등등. 이들은 안토니아의 식탁 앞에선 모두 개성 있는 존재이자 친근한 이웃이고 따뜻한 가족이 되죠.

서로에 대한 따뜻한 애정과 배려, 그리고 비판과 격려, 이것들 말고 가족에게 또 뭐가 필요할까요? 어쩌면, 우리도 언젠가 성인이 되었을 때, 새로운 가족을 만드는 실험을 할 수도 있지 않을까요? 전공과 직업이 같은 사람들끼리 모이면 전문가 가족을 구성할 수 있을 것이고, 남자 둘이 사는 게이 가족이 될 수도 있고, 개 한 마리와 여자 둘 아이 셋으로 이루어진 가족일 수도 있겠죠. 이렇게 된다면 '가족'이라는 단어의 정의도 지금과는 달라질 테지요. 가족과 더불어, 가족 안에서 행복하길 원한다면 이렇게 한번 생각해 보는 건 어떨까요. 가족의 형태에 정상과 비정상은 없다고. 단지 우리가 상상하는 것만큼 다양한 모습의 가족을 만들어 갈 수 있다고.

비정상적인 사랑은 없다

여러분은 나 자신과 가족이 아닌 누군가를 사랑해 본 적이 있나요? 사랑은 참 신비로운 감정이죠. 사랑에 빠진 사람은 지금까지와는 전혀 다른 존재가 되니까요. 그 사람을 보면 가슴이 두근거리고, 함께 있고 싶고, 내가 가진 것을 나눠 주고 싶으며, 때로는 그 사람 때문에 상처받고 울기도 하고 그 사람에게 사랑받기 위해서 예뻐지고 싶고 유능해지고 싶다는 생각을 하기도 하죠. 사랑은 인간으로서 경험할 수 있는 가장 축복받은 감정 같아요.

사랑에는 참 많은 경우가 있어요. 우리가 흔히 떠올리는 남녀 간의 사랑이나 부모 자식 간의 사랑, 신에 대한 사랑과 같은 경우뿐만 아니라 국가나 공동체에 대한 사랑이나 연예인을 향한 애정 혹은 반려동물에 대한 사랑에 이르기까지 아주 많은 사랑의 경우들이 있고, 그것들을 체험하면서 살아가고 있죠.

　그런데 우리는 사랑에 대한 편견 또한 갖고 있어요. "동성끼리 사랑하다니 비정상이야."라거나, "장애인도 누군가와 사랑을 나눌 수 있다는 생각은 못 해 봤는데."라는 식으로요. 우리는 분명히 인간은 누구나 타인과 사랑을 나눌 수 있다는 걸 알고 있지만, 그것조차도 정상과 비정상의 구분 속에서 이해하고 있는 셈이죠. 하지만 앞에서 보았듯이 '광기'에 대해서 시대와 관습에 따라 다른 식으로 대해 왔던 것처럼, '사랑'에 대해서도 마찬가지예요. 물론, 사랑은 인간이 라면 누구나 가질 수 있는 하나의 관념이고 감정이라는 점에서는 변함이 없지만, 시대마다 사랑에 대한 사람들의 생각과 태도에 다른 점이 있다는 것이지요.

고대 그리스 사람들은 성적인 취향이나 정체성에 대한 생각이 지금 우리와는 많이 달랐어요. 그들에게 최고의 사랑은 성인 남자 시민들끼리의 사랑이었어요. 그 시대에 여성이나 어린이, 노예 등은 인간보다 열등한 존재로 이해되었기 때문이지요. 그들에게 중요한 것은 어떻게 하면 자신의 정신적·신체적 에너지를 고양시킬 수 있을까 하는 것이었어요. 그들에게 부도덕한 것은 동성애가 아니라, 자신의 에너지를 절제하지 못하고 함부로 써 버리는 것이었지요. 우리도 익히 아는 철학자 소크라테스도 잘생긴 장군에 대한 애정을 공공연하게 떠들고 다녔지만, 그의 시대에는 아무런 문제도 되지 않았죠. 오히려 소크라테스식의 사랑은 진리를 찾는 대화라는 철학적 방법의 한 요소로 이해되기도 했어요.

우리가 지금 당연한 것으로 이해하고 있는 낭만적 사랑과 그 결과로서의 결혼은 근대에 들어서면서 만들어진 것으로, 인류의 역사에서 보면 '최신상'이라고 할 수 있어요. 일부일처제를 중심으로 한 '정상' 가족이라는 규정 속에서 여성에게는 '모성애'가 강요되기도 했지요.

하지만 지금이라면 비도덕적인 것으로 지탄받을 수 있는 결혼 관계 이외의 연애나 사랑도 근대 이전에는 낯설지 않은 것이었어요. 오히려 일부다처제라든가 연애와 결혼은 별개의 것으로 이해하는 경우가 더 일반적이었어요. 근대 이전 유럽의 왕족이나 귀족들은 배우자 이외의 애인들을 두는 것이 자연스러웠고, 조선 시대에도 왕과 양반은 물론 양인이나 노비 신분인 사람들에게도 일부다처제가 자연스럽게 받아들여지곤 했었지요.

이성애와 일부일처제를 기본으로 한 '정상 가족'이라는 개념이 자연스러운 것으로 이해되는 우리 시대에 가장 '비정상적인' 것으로 받아들여지는 것은 동성애자들의 연애와 결혼 그리고 그들이 만든 가족 형태가 아닐까 해요. 가족이란 이성애자인 한 쌍의 남녀가 결혼하여 자식을 낳았을 때 그 기본 형태가 완성된다고 믿기 때문에요. 이런 남성 중심의 가부장제 사회에서 동성애는 일종의 '질병'으로 혹은 부도덕한 행위로 취급되어 왔고, 동성애자는 '비정상인'이었던 것이지요.

그래서 2013년 가을, 영화 감독 김조광수 씨가 한국에서는 최초로 공개적으로 동성 결혼식을 올렸을 때, 꽤나 충격적인 사건으로 받아들여졌어요. 김 감독 부부는 자신들의 결혼식을 성소수자들에 대한 한국 사회의 편견을 바꾸는 실험의 장으로 만들고자 했어요. 실제로 많은 성소수자들과 그들을 지지하는 시민들이 모여 그들의 결혼을 축하했고 축제로 즐겼지요. 하지만 반대하는 시선 또한 만만치 않아서 결혼식장 옆에서 반대 시위를 하거나 눈을 흘기고 욕을 하는 사람들도 있었어요.

미국의 경우, 2015년 6월 연방 대법원에서 동성 결혼을 합법화하기로 결정했고 그 결과 미국의 모든 주에서는 동성 간의 결혼 역시 이성 간의 결혼과 마찬가지로 법적인 인정을 받게 되었어요. 미국의 대법원이 이와 같은 판결을 내린 것은 인간은 법 앞에서 평등한 존재이며 헌법은 그 권리를 보장해야 한다고 판단했기 때문이에요. 이 법적인 결정으로 미국 시민이라면 누구나 자유롭게 자신이 원하는 상대와 사랑하고 결혼할 자유를 누릴 권리를 행사할 수 있게 되었어요.

하지만 이러한 성과는 하루아침에 만들어진 것이 아니에요. 1960년대까지 동성애자는 사회적인 분노와 폭력의 대상이었고 직장과 가정에서 배제되기 일쑤였어요. 탁월한 업적을 이룬 사람도 예외는 아니었어요. 현대 컴퓨터 과학의 선구자인 영국인 앨런 튜링은 동성애 혐의로 체포되었고 처벌을 받은 뒤 1954년에 자살했어요. 2013년, 사후 59년 만에 무죄로 복권되었지요. 1960년대 후반부터 동성애자와 비백인종 차별에 반대하는 인권 운동이 확산되기 시작했는데 그때부터 그들에 대한 사회적 인식과 법적인 강제들이 조금씩 바뀌기 시작했고 그 결과가 오늘에 이르게 된 것이지요.

다른 사랑과 다르지 않아요

모든 성적인 소수자들과 마찬가지로 동성애는 생물학적인 성별과는 무관해요. 단지 남자인 내가 남자인 누군가를, 혹은 여자인 내가 여자인 누군가에게 매력을 느끼고 사랑하게 되는 게 동성애이지요. 동성애는 어떤 질병과도 무관하며, 에이즈와 같은 특정한 질병의 원인도 아니지요. 또 흔히 동성애 관계 안에서도 남자 여자의 성 역할이 나뉘어 있고, 남자 같은 여자 혹은 여자 같은 남자가 동성애자일 것이라고 오해하곤 하지만 대부분 그렇지 않아요.

「어서오세요, 305호에」라는 웹툰을 본 적이 있나요? 대학생 김정현과 그의 친구들이 좌충우돌 티격태격하며 살아가는 생활 만화인데요. 등장인물 중에 오윤아라는 친구가 있어요. 쌍둥이 남동생 윤성이와는 늘 함께 다니며 우애를 과시하죠. 매사에 당당하고 시원시원해 보이는 윤아에게도 남모를 비밀이 있는데, 바로 동성애자라는 거였어요. 고등학교 때 같은 반 친구를 짝사랑하게 되면서 자신의 성 정체성을 깨달은 윤아는 자기 자신을 부끄러워하죠. 몹쓸 병에 걸렸다고 생각하고, 남들의 손가락질을 받을 거라고 두려워하며 괴로워해요. 그래서 겉으론 호모포비아(동성애자를 혐오하는 사람)인 척하기도 하고요. 심지어 가장 가까운 쌍둥이 동생에게조차 처음엔 이해받지 못하자 절망하고 홀로 살아갈 결심까지 하죠. 하지만 결국 윤아는 자신을 진심으로 사랑하는 동성 애인을 만나게 되고, 남동생과 친구들도 그런 윤아를 스스럼없이 받아들이며 이해하게 되자 용기를 내서 살아갈 수 있게 돼요. 자기 자신과 주변 사람들을 더 사랑하게 되고요.

어떤 사람들은 "동성애에 반대한다."고 말하지요. 그들은 동성애를 소수의 '잘못된' 취향이나 선택 혹은 질병의 문제로 바라보기 때문에 그것을 바로잡아야만 하는 '비정상'이라고 생각해요. 또 어떤 종교인들은 자신들의 종교적 신념 때문에 동성애를 '죄악'으로 바라보기도 해요. 하지만 동성애자는 나쁜 취향을 가지고 있거나 아프거나 죄를 저지르는 사람이 아니에요. 그들은 단지 같은 성의 사람에게 매력을 느낀다는 점에서만 다수의 사람들과 다를 뿐이지요. 그들 또한 희로애락을 느끼고 일하고 공부하며 다른 사람들과 관계를 맺으면서 삶을 살아가는 보통의 사람일 뿐이에요. 만약, 동성애자인 누군가 살면서 실수하거나 잘못을 저지르거나 아프다면 그가 동성애자이기 때문이 아니라, 인간이기 때문인 것이지요.

그러므로 "동성애에 반대한다."는 말은 누군가의 존재에 반대한다는 것만큼이나 이상한 말이에요. 우리는 누군가를 그 사람이 남자라거나 키가 작다는 이유만으로 반대한다고 말하진 않으니까요. 인간은 그가 동성애자이든 이성애자이든 누구나 행복한 삶을 살 권리가 있죠. 내가 아닌 다른 누군가를 사랑하면서요.

여성들끼리의 사랑을 다룬 소설 『소금값』에서 작가인 퍼트리샤 하이스미스는 주인공 테레즈의 입을 빌려 이렇게 말했어요. "캐롤이 여성이라는 사실을 제외하면 다른 사랑과 다를 바 없다. 난 남자 옷을 입고 짧은 머리를 한 여성을 사랑하는 것이 아니다. 난 여자이고 그저 여자를 사랑하는 것일 뿐."

장애인은 '쓸모없는 사람'?

우리가 사는 이 세상의 도구와 제도들은 대체로 '정상인'의 편리 위주로 만들어져 있지요. 튼튼한 두 다리를 가져야만 오르내릴 수 있는 계단과 문턱들, 오른손잡이만 고려한 가위, 휠체어를 배려하지 않는 극장이나 공연장의 좌석들, '건강한 신체와 정신'을 가진 사람만을 요구하는 기업들의 입사 지원 조건들 등등. 물론 '장애인만을' 위한 배려들이 아주 없는 건 아니에요. 공중 화장실의 장애인 칸이라든가, 지하철의 엘리베이터, 드물지만 저상버스나 장애인 전용 콜택시도 있고, 장애인을 고용하는 사회적 기업들도 있지요. 하지만 그러한 것들은 매우 제한적이고, 이용하는 장애인들이 불편을 감수해야만 하는 부분들도 많아요.

그래서 키가 아주 작고 등이 굽은 아버지를 바라보는 완득이의 마음도 언제나 불편했어요. 그는 이렇게 말하죠. "내 아버지는 호킹 박사 같은 1등 대접을 원하는 게 아니다. 높기만 한 지하철 손잡이를 마음껏 편하게 잡고 싶을 뿐."

완득이는 장애인이라고 다 같은 장애인이 아니라는 걸 알아요. 호킹 박사처럼 똑똑하고 인류를 위해 위대한 업적을 남긴 사람은 1등

대접을 받죠. 심지어 장애를 가졌다는 사실 때문에 사람들은 호킹 박사 같은 사람을 두 배로 존경하기도 해요. 하지만 보통의 능력을 지닌 평범한 장애인들에게 세상은 호의를 보이지 않아요. '지하철 손잡이를 마음껏 잡고 싶다.'는 완득이 아버지의 소망은 장애인에 대한 차별이 얼마나 일상적으로 뿌리 깊게 자리 잡고 있는지 보여 주는 하나의 예라고 할 수 있겠지요.

장애인은 신체나 정신의 일부 기능이 원활하게 작동하지 못하기 때문에 생활의 불편과 제약을 경험해요. 그들이 다수의 사람들과 마찬가지로 일상생활을 하고 사회 활동을 하기 위해서는 다른 사람 혹은 휠체어나 지팡이, 보청기 등 특정한 사물의 도움을 받아야만 하고, 이 때문에 그들을 열등한 존재로 여기는 차별의 시선이 생겨나곤 해요.

하지만 다수의 비장애인들 또한 우리가 생각하는 것보다 훨씬 많이 그리고 자주 무엇인가의 도움에 의지해서 살아가지요. 노래방 기계가 보여 주는 자막에 의지해서만 노래 한 곡을 처음부터 끝까지 틀리지 않게 부를 수 있고, 스마트폰에 저장된 전화번호 버튼을 눌러야만 누군가와 통화할 수 있게 되었으며, 내비게이션 앱을 이용해야만 편안하게 어디론가 이동할 수 있게 되었어요. 우리의 기억력과 신체감각을 노래방 기계와 스마트폰, 인터넷, 내비게이션이 대신하게 된 것이지요. 그런 점에서 우리는 모두 무엇인가 혹은 누군가의 도움 없이는 생활에 제약을 받는 장애 상태를 경험하고 있는 셈이에요. 단 그 경험이 일시적이고 제한적이냐 지속적이냐의 차이만 있을 뿐이지요.

하지만 우리 사회는 어떤 사람이나 사물의 지속적인 도움에 의지해야만 하는 사람들에 한해서만 장애인이라고 불러요. 여기에는 '쓸모' 즉 노동력을 제공하고 경제활동을 할 수 있는 능력이 기준으로 작동하고 있는 것 같아요. 장애인은 비장애인에 비해 노동을 통해 사회적 생산 활동에 기여할 가능성이 떨어질 뿐만 아니라 '복지'의 형태로 사회적 자원을 소비하는 존재라고 판단하기 때문에 그들을 '쓸모없는 존재'로 바라보는 것이지요. '쓸모없는 존재'로서의 장애인 대부분은 보이지 않는 곳, 즉 집 안 깊숙한 곳이나 그들만을 위한 수용 시설에 격리됨으로써 사회에서 배제됩니다. 그들은 눈에 보이지 않기 때문에 교육의 혜택을 받지 못했고, 경제활동에서 차별받아 왔으며, 자유롭게 이동하고 여행할 자유를 박탈당해 왔던 것이지요.

그런데 장애인을 격리하는 장소인 가정과 보호 시설은 그들을 안전하게 보호하고 있을까요? 일반적으로 가족은 그 구성원들 간의 유대와 애정이 어떤 사회적 집단과도 비교되지 않을 정도로 확고하지만, 곰곰이 생각해 보면 '정상인들'로만 구성된 가족에 한해서 그렇지요. 장애인은 흔히 집안의 근심거리, 감추어야 할 치부로 여겨지면서 온 가족이 함께 짊어져야 할 불행의 일부로 취급돼요. 심각한 경우, 그들은 가족의 폭력에 무방비 상태로 노출되기도 하고요. 특히 많은 장애 여성들은 성폭력과 가정 폭력 그리고 빈곤 상태에서 벗어나지 못한 채 고통받고 있지요.

보호 시설 또한 현실적으로 장애인에게 쾌적하고 안전한 장소만은 아니에요. 많은 사람들의 관심과 분노를 불러일으켰던 부산 형제복지원 사건이 한 예예요. 그곳에서 오랜 기간 동안 일상적으로 학대와 체벌을 하는 것은 물론 강제로 일을 시키며 장애인들을 노예 취급해 왔던 것으로 밝혀졌지요. 집과 시설은 '보호'라는 이름으로 장애인들을 격리하고 방치하는 장소이기도 했던 것이지요.

장애인들을 사회로부터 격리하는 것은 무엇보다도 그들 자신이 자기 삶의 주체가 되지 못하게 합니다. 장애인도 비장애인과 마찬가지로 자신의 삶을 스스로 계획하고 실천하는 '자기 결정권'을 가질 권리가 있어요. 또한 장애인에게도 '정상인' 아니 비장애인과 마찬가지로 무엇인가 하고 싶은 욕망이 있고, 무엇인가 할 수 있는 재능이 있으며, 인간으로서의 존엄성을 존중받을 권리가 있고요. 하지만 그들이 타인과 사물의 도움을 필요로 한다는 이유만으로, 혹은 장애인은 '보호'받아야 한다는 이유만으로, 장애인들 자신의 의사는 자주 무시되곤 해요. 하지만 스스로에게 필요한 것이 무엇인지 가장 잘 아는 사람은 다름 아닌 장애인 자신이죠.

장애인들은 집과 시설에서 나와 세상 사람들 사이에 섞여 살 수 있기를 바라고 있어요. 학교에 가서 공부하고, 직장에 가서 일하고 싶어 해요. 친구들과 함께 영화를 보고 식당에서 밥을 먹고 바다를 보러 갈 수 있기를 원하고요. 그리고 누군가와 연애하고 결혼하고 아이를 낳고 가정을 꾸리는 평범한 생활을 꿈꾸지요. 하지만 다수의 사람들 눈엔 너무 평범해 보이는 이러한 소망은 우리 사회의 보이지 않는 문턱에 자주 걸리곤 해요.

정부에서 지정한 '장애인의 날'이 그날 하루 이벤트를 벌이는 일회성 행사 위주로 만들어진다는 사실에 장애인들은 분노해요. 장애인들에게 진정 필요한 것은 연민이나 동정도 아니고, 일회성에 그칠 뿐인 물질적 도움도 아니라고 말해요. 그들이 진정으로 원하는 것은 '비정상'에 대한 불편한 시선을 거둬들이는 것, 그들을 다수의 '정상인'과 마찬가지로 존중받을 수 있는 인격체로 차별 없이 대해 주는 것이라고 해요. 모든 인간은 존재 그 자체로 존중받아야 하기 때문이죠.

노들장애인야학의 박경석 교장 선생님은 언젠가 한 일간지와의 인터뷰에서 이렇게 말씀하셨어요.

"우리 야학에 '노들음악대'라고 있다. 거기, 수연이라고 눈만 깜박거리고 팔을 못 움직이는 중증 장애인이 있다. 그 친구가 하는 일이라곤 손가락 하나 까딱해서 종소리를 내는 일뿐이다. 쓸모라는 게 뭘까? 하버드대 서울대 나온 사람이 핵무기를 개발하든 뭘 하든 유능하고 똑똑하니 쓸모 있는 사람들인가? 난 쓸모의 의미를 달리 본다. 수연이가 손가락 하나 움직여서 들리지도 않는 종소리를 내는게, 나는 훨씬 더 쓸모 있는 일이라고 믿는다. 그걸 더 큰 행복으로, 기쁨으로 받아들이는 사회가 좋은 사회 아닌가."

우리도 할 수 있다!

서울 대학로에 위치한 노들장애인야학에는 매일 저녁 장애인 학생들이 모여요. 누군가는 활동 보조인이 밀어 주는 휠체어를 타고, 또 누군가는 목발을 짚거나 걸어서 학교에 오죠. 그들은 담당 선생님과 함께 검정고시를 위한 과목을 공부하기도 하고, 외부 강사를 모셔와 철학이나 예술 등 인문학 수업을 받기도 해요. 또 그림 그리기나 악기 연주, 연극, 춤 등 다양한 취미 활동을 함께 하지요. 그들은 자신들을 대표할 학생회 대표를 스스로 선출하고, 장애인의 권리를 찾기 위한 시위를 하러 시내에 나가기도 해요. 노들 학생들의 시위는 단지 장애인 자신을 위한 것에만 국한되지 않아요. 그들은 동성애자나 이주 노동자, 철거민 등 우리 사회의 소수자와 약자들을 위한 싸움에도 적극적으로 연대하고 있어요. 그들 중 일부는 장애인을 고용하는 업체에 취업하기도 하고요.

이탈리아의 한 정신병원 부설 협동조합에는 나무 조각 모자이크로 마루를 짜는 일을 하는 정신 장애인들이 있었다고 해요. 그들이 시공한 마루에 대한 평가가 좋아서 언제나 일손이 모자랄 지경이었지요. 영화 「위 캔 두 댓!」에 나오는 이야기예요. 이 영화는 실화를 바탕으로 한 것인데요. 프랑코 바실리아라는 정신의학자가 정신 장애를 가진 환자들을 병원에 수용하는 것보다 지역 사회에서 자립할 수 있는 기회를 제공하는 것이 바람직하다는 주장을 한 이래, 협동조합 모델이 실험되었고 1980년대 이후 1999년까지 이탈리아에는 정신병원이 모두 사라지게 되었다고 해요. 치료라는 이름으로 약물을 먹거나 맞으며 정신병원에 격리되어 있던 환자들이 협동조합에서 함께 일을 하게 되면서 오히려 건강을 되찾고 자립의 길을 갈 수 있게 되었다고 하죠. 생활이 어려운 중증 환자들의 경우 정신병원 대신 지역정신보건센터의 도움을 받고 있다고 하고요. 정신병원이 없어지면서 그동안 병원에서 격리되고 관리되던 장애인들은 지역 사회의 일원으로 제 몫의 삶을 살아갈 수 있게 되었죠.

노들장애인야학이나 이탈리아의 장애인협동조합의 경우에서 보듯, 장애인을 격리하지 않고 사회에서 함께 살아갈 수 있도록 배려할 때, 장애인 자신은 물론이고 그 사회 전체가 더 건강해지고 성숙해질 수 있어요. 반드시 전문적인 치료 기관에 의지해야 하는 경우가 아니라면, 장애인과 비장애인이 함께 어울려 살 때 그 사회는 다양한 능력을 가진 사람들이 함께함으로써 더 풍부해질 테니까요.

장애나 성소수자를 '비정상'으로 낙인찍는 태도가 당연하고 자연스러운 것이 아니며, 시대마다 매번 다른 방식으로 그에 대한 구별의 틀과 태도가 만들어져 왔다는 것을 이제 알게 되었지요? 그리고 장애를 가졌다는 것만으로, 혹은 이성애와는 다른 성적인 정체성을 지녔다는 것만으로 그 사람을 열등하거나 비정상인 것으로 분류하는 태도가 얼마나 왜소하고 편협한 것인지 살펴보았어요. 그러므로 중요한 것은 누가 정상이고 비정상인가를 판단하는 것이 아니라, 그 사람이 지닌 신체적·정신적 불편함이나 성적인 차이를 넘어서 모두 인간으로서 존엄한 삶을 살 권리가 있음을 인정하는 것이겠지요.

'정상'을 기준으로 했을 때 작곡가 베토벤은 청각 장애인이었지만, 그의 음악들은 장애인과 비장애인을 구별하지 않고 시간과 공간을 뛰어넘어 아직까지도 많은 사람들의 사랑을 받고 있지요. 버지니아 울프와 오스카 와일드, 마르셀 프루스트와 같은 작가들은 동성애자였지만 그들의 작품 또한 여전히 우리에게 인간의 삶과 예술, 그리고 시대의 문제에 대한 깊은 울림을 주고 있고요.

지금 우리 옆에도 잠재적으로 얼마나 많은 예술가, 정치가, 사상가가 숨어 있는지 알 수 없어요. 그런데 그들이 '비정상'이라는 꼬리표 때문에 위축되고 자기 능력을 마음껏 펼칠 수 없다면 그 또한 우리 모두에게 안타까운 일이 아닐까요? 능력 있는 개인의 문제에 한정하지 않더라도, 모든 사람이 자신이 가진 여러 가지 불편한 조건들 때문에 위축되지 않는 사회를 만들기 위해 노력하는 것이 더 바람직하지 않을까요? 완득이 아버지처럼 세상에는 1등 대접을 원하는 게 아니라 단지 버스 손잡이를 편안하게 잡을 수 있기를 바라며 소박하게 하루하루 열심히 살아가는 사람들도 많답니다.

우리는 보통 조롱이나 멸시만 이른바 '비정상인'을 대하는 나쁜 태도라고 생각하기 쉽지요. 하지만 연민이나 동정 같은 감정들도 그들에 대한 차별의 태도 속에서 만들어진다는 점도 생각해 볼 필요가 있겠어요. 동정이나 연민은 적어도 나보다 '못한' 상황에 처한 사람에게 보일 수 있는 감정이니까요. 동정이나 연민의 감정은 그것이 긍정적일 때조차 나보다 '열등한' 존재에 대한 자선이나 시혜의 태도와 연결될 뿐이지요. 하지만 우리가 장애인을 바라보는 '특별한' 시선을 버린다면, 오히려 우리가 동정과 연민의 시선을 보내는 사람들과의 관계 속에서 이전에는 알지 못했던 새로운 것들을 배울 수도 있답니다.

「Ho」라는 제목의 웹툰을 본 적이 있나요? 청각과 언어에 장애를 가진 Ho와 그녀를 가르치던 과외 선생님이 서로를 알아 가며 사랑에 빠진다는 내용인데, 중간에 이런 지문이 나와요. "보통은 누군가와 적당히 만나서, 적당히 눈맞춤을 하고, 적당히 말을 던지지만 Ho와는 그럴 수가 없었다. 얼굴을 똑바로 마주 보면서 하고 싶은 말을 손동작, 몸동작, 표정 등을 사용해 적극적으로 말해야 했다."

이전에는 당연하고 자연스러웠던 사소한 말이나 행동조차도 그것이 당연한 것으로 통하지 않는 관계를 만나게 되면 전혀 다른 새로운 것으로 다가오게 되겠죠. 결국 우리는 나의 외부에 있는 어떤 존재와 관계를 맺든 언제나 무엇인가를 배울 수 있고 그것을 통해 자신의 능력이 확장되는 경험을 할 수 있게 되는 셈이에요. 멋지지 않나요?

다수와 소수,
그리고 약자와 소수자

'정상'과 '비정상'을 나누는 데는 특정한 기준이 필요하고 그 기준이란 대체로 어떤 상태에 대한 평균치를 의미하지요. 이를테면, '한국 성인 남자의 평균 신장은 175cm이다.'라는 문장이 있다고 해 보지요. 여기서 '평균'이라는 말에는 한국의 성인 남자 중에 키가 175cm에 가까운 사람이 가장 많다는 의미가 들어 있어요. 그러므로 키가 175cm에 가까울수록 평균적인 신장에 가깝다고 말할 수 있고, 정상적인 신장이라고 말할 수 있는 셈이지요. 그리고 175cm로부터 멀어질수록 평범하지 않은 것, 비정상적인 것으로 이해되는 것이고요.

그런데 평균적인 것만으로 정상인 상태를 인식하게 되는 것일까요? '평균'과 더불어 무엇이 정상인지 아닌지를 알기 위해서는 그것의 반대되는 개념인 '비정상'의 존재가 필요하지요. 내가 이성적인 존재인가를 알기 위해서는 비이성 혹은 광기란 무엇인가에 대한 이해가 전제되지 않으면 안 되는 것처럼요. 그러므로 '정상'은 '비정상'을 전제해야만 생겨나는 개념인 셈이지요.

비정상을 전제로 한 정상은 평균적인 것과 연결된다는 점에서 다수의 입장을 취해요. 앞에서 보았던 한국 남자의 평균 신장이란 175cm의 키 근처에 가장 많은 수의 사람이 분포되어 있음을 의미한다고 했던 것처럼 말이지요. 그런데 어떤 상태나 입장에 다수가 속해 있다고 하는 것은 그 자체로 위험한 일이기도 해요. 왜냐하면, 우리는 자주 다수가 취하는 입장이나 상태를 의심하지 않고 믿는 경향이 있을뿐더러, 그것이 잘못된 일이라 할지라도 그 결과에 대한 책임을 조금만 지거나 회피할 수 있기 때문이죠. 이러한 '평균적인 것'으로서의 다수는 그것이 어떤 것을 판단할 수 있는 '기준'으로 작용하면서 사회의 '지배적이고 주류적인' 권력이 된다고 할 수 있어요. '지배적이고 주류적인 것'이 권력이 된다는 것의 의미는 그것이 사람들로 하여금 특정한 방식 즉, '평균적이고 주류적인' 행동이나 사고를 하도록 만든다는 뜻이에요.

다수자에 대비해서 그 수가 적거나 다수자가 행사하는 힘에 영향을 받을 수 있는 존재를 우리는 소수자 혹은 약자라고 부르는데요. 소수자와 약자는 다수자와 다른 특성을 갖고 있다는 점에서 유사하지만, 그들 간의 차이 또한 존재하지요. 이 장에서는, 닮았지만 서로 다른 우리 사회의 약자와 소수자들에 대한 이야기를 조금 더 해 볼게요.

'다수'의 신화

우리는 다수의 선택과 지지를 '민주주의'라는 이름으로 배웠어요. 그 결과 우리 머릿속에는 민주주의 하면 다수결의 원칙, 다수결의 원칙 하면 민주주의라는 등식이 자리 잡았지요. 그런데 정말로 다수가 선택하고 지지하는 것이 모두 옳고 좋은 것일까요? 2차 대전 무렵 독일에서 나치당이 독일 국민 다수의 절대적 지지를 받았던 것을 어떻게 생각해야 할까요? 그때 그들은 다수결의 원칙에 따라 선거를 해서 대표를 뽑았고, 그들의 대표가 유대인을 학살하는 일에 동조하거나 침묵했어요. 아우슈비츠의 만행은 히틀러 혼자서 저지른 것이 아니었어요. 왜 그렇게 많은 독일인들이 집단적인 최면에 빠져들었을까요? 물론, 영화 「쉰들러 리스트」에 나오는 쉰들러처럼 조국의 죄를 씻으려 노력했던 사람도 있었지만, 예외적인 경우였지요. 대부분의 독일인들은 유대인의 '나쁜 피'를 없애는 것만이 게르만족의 순수 혈통을 보존하고 인류의 발전을 도모하는 길이라고 믿었으니까요.

또 우리나라 국회의원 선거 때를 생각해 볼까요? 한 지역에서 특정 정당에 대한 지지율이 90% 이상 나오는 사태가 어떻게 벌어질 수 있을까요? 정당의 정책이나 개인의 능력이 탁월해서일 수도 있지만, 대체로 그 지역 특유의 정서와 사고방식을 그대로 따르는 사람들의 다수에 대한 맹신이 만들어 내는 것은 아닐까요? 어떤 사안에 대해 스스로의 판단 기준을 갖지 못할 때, 다수의 의견은 설득력을 갖게 되고 힘을 행사하지요. 사람들은 이렇게 생각하곤 해요. '많은 사람들이 같은 생각을 한다면, 그건 잘못된 것일 리 없다. 설사 그것이 잘못된 일이라도 내가 책임질 일은 아니지.' 실제로 전쟁이 끝난 후 독일에서, 그리고 유럽 전역에서 유대인 학살을 저지른 죄에 대해 처벌받은 것은 몇몇 대표자들뿐이었어요.

다수 속에서 개인은 자기의 모습을 감추고 익명이 되지요. 그럼으로써 나쁜 선택을 한 개인이 어떤 책임이나 부담으로부터 자유로워지지요. 혹시 학교에서 '왕따'를 당하는 걸 본 경험이 있나요? 왕따를 당해 마땅한 사람 혹은 마땅한 이유가 있나요? 곰곰이 생각해 봐요. 그런 것은 없어요. 어떤 분위기가 그렇게 몰고 가는 경우가 대부분이죠. 또 누군가를 왕따시키는 일에 동조하지 않으면 내가 왕따를 당할지도 모른다는 불안감이 나를 혹은 친구들을 다수의 대열에 서게 만들지 않았나요? 다수에 속하지 않을 때 생겨나는 불안감, 그리고 다수는 옳은 것이고 좋은 것이라는 맹목적인 믿음, 이런 것들이 다수에 대한 신화를 만들어 내고 다수를 '권력'으로 만든다고 할 수 있어요.

다수가 권력이 되는 순간, 다수는 이미 수적인 의미를 넘어서지요. 이를테면, 지구에는 인간보다 바퀴벌레의 숫자가 훨씬 많아요. 하지만 바퀴벌레는 지구의 다수라고 할 수 없죠. 바퀴벌레가 인간을 특정한 방식으로 사고하게 하고 움직이게 할 수 없기 때문에요. 또한 인간은 바퀴벌레의 생명을 좌우할 수 있지만 바퀴벌레는 그러지 못하죠. 권력은 이런 관계 속에서 만들어진다고 할 수 있어요.

여기서 권력은, 한 명의 통치자나 대표자에게 부여된 권한만을 의미하지 않아요. 그것은 누군가를 특정한 방식으로 움직이게 만드는 힘을 일컬어요. 앞에서 보았던 것처럼 다수가 권력이 된다는 것은 그것이 지배적이거나 주류적인 힘이 되어 한 시대나 사회를 움직여 나간다는 의미이니까요. 권력이 된 다수는 '정상'의 옷을 입지요. 그리고 권력의 시선으로 다수에서 벗어나 있는 소수의 존재들을 바라봐요.

'보호'라는 이름의 차별

누구나 인생을 살아가면서 다수자에 속할 때도 있고, 소수자나 약자의 위치에 설 때도 있어요. 이를테면 긴 생애 주기에서 성인은 사회적이고 경제적인 활동의 주체인 다수자가 되고, 어린이와 청소년 그리고 노인은 사회와 가정의 '보호'를 받는 약자가 되는 것처럼 말이지요.

그런데 우리가 당연한 것으로 생각하는 '어린이'나 '청소년'은 사실 역사의 특정한 시기에 만들어진 용어예요. '어린이'라는 말은 언제 생겨났을까요? 물론, 누구에게나 어린 시절은 있지요. 하지만 삼국 시대나 조선 시대에도 '어린이'가 있었을까요? 이따금 텔레비전 사극 드라마에 나오는 나이 어린 아이들을 보면 왠지 '어린이'와는 거리가 있는 것처럼 느껴지지 않나요? 근대 이전 서양의 유명 화가들이 그린 어린아이의 초상화를 보면, 복장이나 표정, 분위기 등이 어른과 크게 다르지 않죠. 영국에서는 19세기 초반까지 탄광 노동자 중에 여섯 살짜리를 보는 일도 어렵지 않았다고 해요. 동서양을 막론하고 근대 이전까지 '어린이'는 '작은 어른'에 불과했던 것이지요. (안타깝게도 오늘날에도 세계 곳곳에 힘겹게 하루 종일 일하는 어린이들이 있지요.)

그들은 '결혼'을 제외하고 어른들이 하는 것이라면 무엇이든지 했고, 또 해야만 했어요. 그래서 근대 이전까지 '결혼'은 어른과 아이를 나누는 중요한 기준점이었어요. 조선 시대까지는 아무리 나이가 많아도 결혼을 못 하면 상투를 틀 수 없었고, 결혼을 하면 자기보다 나이 많은 총각들 앞에서 어른 행세를 할 수 있었지요.

'청소년'이란 용어는 '어린이'보다 늦은 20세기 초반에 생겨났는데, 영어의 teenager란 단어는 1920년대 초반부터 쓰이기 시작했고, 우리나라의 경우는 그보다 몇십 년 늦게 사용되기 시작했어요. 대체로 13세부터 19세 미만 나이의 사춘기 시기 남녀를 청소년이라 부르는데, 한국 사회에서 청소년기는 입시 공부로 시작해서 입시 공부로 끝난다고 해도 과언이 아니지요.

'어린이'와 '청소년'이라는 용어의 구분은 근대식 학교가 만들어지고 의무교육 제도가 정착되는 과정과 뗄 수 없는 관계가 있어요.

근대 이전까지만 해도 양반집 아이들이 받은 교육은 서당에 다니거나 개인 교습을 받는 것이 전부였고, 과거 시험을 볼 수 없는 신분의 아이들이라면 글을 배울 시간도 이유도 없었어요.

그러던 것이 '의무교육 제도'가 만들어지면서 나이에 따라서 반드시 배워야 할 것들이 생겨났어요. 학교는 아이들에게 기술과 기능을, 그리고 상급 학교 진학에 필요한 기본 지식을 전수하는 곳이자 교양과 인성까지 전담하는 교육의 장소가 된 것이지요. 학교라는 교육의 장소에서 어린이와 청소년은 성인 선생님의 명령에 따르고, 학습하고, 훈련받는 상대적 약자로서의 학생의 역할을 담당하게 되었던 셈이에요.

학교가 어린이와 청소년을 사회적인 인간으로 훈련하는 공적인 장소로 기능하게 된 것과 더불어, 가정은 그들을 외부의 위험으로부터 보호하고 양육하는 공간이 되었어요. 가족의 활동은 어린이와 청소년을 중심에 두고 재편되기 시작했죠. 아이를 낳고 독립할 수 있을 때까지 기르는 것에서 나아가 아이들에게 더 좋은 학습 환경을 제공하기 위해 이사를 가고, 더 많은 과외 활동을 시키기 위해 부모는 힘써서 돈을 모으는 일이 당연한 것이 되기 시작해요. 그래서 어떤 부모들은 '아이들을 위해서' 희생을 감수하고, 아이들에게도 그런 생각을 주입하곤 했어요. "내가 누구 때문에 이 고생을 하는데", "부자가 되려면 열심히 공부해야 한다." 등등. 이러한 말들 속에 어린이와 청소년을 한 가족의 미래를 보장하는 투자의 대상이자 신분 상승의 기회로 바라보는 태도가 숨어 있다는 것을 부인하기 쉽지 않겠지요.

보호받고 양육되는 어린이와 청소년은 정해진 틀 속에서 생활해야만 해요. 어른의 세계를 알아서는 안 되고, 늘 건전하고 아름다운 것만 보고 건강해야 하며, 똑똑하고 재능이 있어야 한다고 이야기되죠. 하지만 이 모든 것들 중에서 아이들이 스스로 판단하고 결정할 수 있는 것이 얼마나 있나요? 어린이와 청소년은 보호받고 양육되어야 할 대상이기 때문에 '자기 결정권'이 주어지지 않는 셈이에요. 자기 결정권에는 어떤 행위에 대한 책임을 스스로 진다는 의미도 들어 있는 것인데, 사소한 것이라도 어떤 행동을 하기 전에 스스로 깊이 생각하고 결정한 후 행동하도록 하는 것, 그리고 그 후에 발생되는 결과까지 책임질 수 있도록 훈련하는 것이야말로 책임 있는 어른으로 성장하기 위한 과정이 아닐까요?

한편으로 모든 어린이와 청소년이 안전하게 보호받고

양육되는 것은 아니라는 점 역시 문제이지요. 학교나 가정에서 어른들의 관심을 받지 못한 채 방치되거나 때로는 폭력에 무방비 상태로 노출되는 어린이와 청소년도 적지 않으니까요. 이 아이들은 종종 가장 친근하고 안전해야 할 장소나 부모와 친척, 선생님에게서조차 불편과 위험을 경험하고 있어요.

때때로 약자들에게 보호와 폭력은 동일한 행위에 대한 다른 명칭이기도 하지요. 예를 들어 어린이나 청소년에게 가정이나 학교에서 '사랑'이라는 이름으로 가해지는 '체벌'의 경우가 그러하지요. 아이들을 체벌하는 어른들은 체벌이 더 나은 인간을 만들기 위한 교육의 방편이라고 똑같이 말하지요.

이 말에는 분명히 약간의 진실이 포함되어 있지만 언제나 정당한 것은 아니에요. 때로는 자신의 화를 다스리지 못하거나 말로 설득할 능력을 상실한 어른들이 체벌이라는 이름으로 아이들에게 폭력을 휘두르기도 하니까요. 특히 얼마 전까지만 해도 부모의 아이 양육이 사적인 일로 여겨져 방치와 학대, 심지어 심한 폭력까지 일어나는데도 그냥 두는 경우들이 있었어요. 하지만 이제는 사회가 나서서 이들이 안전하게 교육받고 성장할 수 있도록 배려해야 한다는 의견이 더 커지는 추세이기는 하지요.

한편에는 어른들의 지나친 관심 속에서 '과보호'되는 어린이와 청소년이 있고, 또 다른 한편에는 최소한의 안전조차 보장받지 못한 채

생활하는 아이들이 있어요. 어떤 경우에든 아이들은 경제적 자립을 하기 어렵고, 외부의 폭력으로부터 자신을 보호할 능력이 성인에 비해 작은 존재라는 점에서 약자의 위치에 놓이는 셈이지요. 특히 우리 사회는 이들을 위한 안전장치를 마련하기보다는, 약자로서의 위치에 놓아두는 데 집중하고 있는 것처럼 보여요. 만 19세가 되어야 투표권을 가질 수 있다는 법이 그렇지요. 공식적으로 만 19세 이전에는 정치적이고 사회적인 자기 결정권을 가질 수 없다는 뜻이니까요.

우리는 '노약자는 보호한다.'는 말을 상식처럼 여기지요. 하지만 어떤 경우엔 가장 먼저 보호받아야 할 사람들이 가장 먼저 위험에 내몰리기도 한다는 것을 알려 준 사건이 있었어요. 2014년 4월 16일, 동거차도 근처 바다에서 세월호와 함께 침몰된 사망자와 실종자 300여 명 중 대다수는 제주도로 수학여행을 가던 고등학교 2학년 학생들이었어요. 그들은 '가만히 있으라.'는 어른들의 명령에 따르며 구조되기를 기다렸지요. 아이들은 '가만히 있으라.'는 말이 위험으로부터 자신들을 보호해 줄 것이라고 믿었지만, 무능력한 어른들, 무책임한 정부와 선박 회사는 침몰하는 배 안에 있던 아이들의 기대를 배반했어요. 그것은 보호받을 권리와 보호할 책임이 제대로 지켜지지 못했을 때, 삶 자체가 위험에 빠질 수 있다는 것을 알려 준 사건이었지요.

노인들을 위한 나라는 없다?

어린이와 청소년이 '미성숙한' 존재로서 사회와 가정의 '보호'를 받아야 한다는 시선으로 '차별'받고 있다면 노인은 '노쇠한 존재'이기 때문에 보호와 차별의 대상이 됩니다. 사회는 노인들이 성인-다수자에 비해 신체적·정신적 능력이 떨어진 상태라는 판단하에 그들을 공적인 활동으로부터 배제하곤 해요. 65세 이상의 나이가 되면 대부분의 사람은 의미 있는 생산 활동의 주체가 되지 못하지요. 하지만 평균수명이 80세 이상이 된 고령화 사회에서 은퇴 이후 2, 30여 년의 삶을 더 살아야 하는 노인들의 존재는 대부분의 사람이 언젠가는 경험해야 할 미래의 자기 모습이기도 하지요.

현재 한국 사회의 노인들은 일본의 지배로부터의 해방, 한국전쟁과 경제적 위기, 민주화 등 한국 사회의 중요한 근현대사를 모두 경험하고 극복하고 만들어 온 세대로서 존경과 배려를 받을 자격이 있어요. 하지만 경제력을 지닌 소수의 노인들을 제외하면, 아주 많은 노인들이 저임금에 비인격적 대우를 받는 일자리에 여전히 매여 있어요. 그러다 보니 2017년 11월경 66세 노인의 상대적 빈곤율(우리나라 인구를 소득 순으로 나열했을 때 가운데 위치한 사람의 소득 즉 중위소득의 50% 이하인 계층이 전체 인구에서 차지하는 비율을 뜻해요.)은 42.7%래요. 거의 절반 가까이가 빈곤층인 셈이죠. 게다가 이들 중

대부분은 가족으로부터 소외되어 고독하게 죽음을 맞이하거나 빈곤과 질병으로 고통받고 있는 것이 우리의 현실이기도 해요.

노인들은 각종 문화적인 혜택으로부터도 소외되지요. 대중교통이나 공공장소의 요금을 할인받는 것 이외에 우리가 일상적으로 확인할 수 있는 노인들을 위한 배려는 드물어요. 노인들은 더 이상 교육의 대상이 아니며 경제활동의 주체도 아니기 때문에 그들을 환영하는 장소 또한 드물지요. 돈을 지불하고 이용하는 상업적인 공간을 제외하면, 노인들을 위한 공간은 경로당이나 공원 정도가 고작이니까요. 어떤 영화의 제목처럼 '노인들을 위한 나라는 없다'고 해도 과언이 아니에요.

어쩌면 노인은 삶이 아니라 죽음에 가까운 존재라는 고정관념이 노인들을 불편한 존재로 여기도록 만드는 것은 아닐까요? 예전과는 달리, 인간의 기대 수명이 길어져 70대가 되어도 경제활동을 하고자 하거나 해야만 하는 경우가 늘어나고 있고, 그 밖에 다양한 활동에 대한 욕구 또한 늘어나고 있는 시대에 노인은 더 이상 '가만히 있는' 존재일 수만은 없게 되었어요. 헤밍웨이의 소설 『노인과 바다』에 나오는 노인의 모습을 한번 떠올려 볼까요? 그는 자신이 얻고자 하는 바를 얻기 위해 집중하고 노력하고 싸우지요. 그래서 결국 비록 앙상한 뼈만 남은 것일지라도 자신이 원했던 상어를 잡을 수 있었고요.

훌륭한 예술가 중에도 가장 멋진 작품을 노년에 만든 사람들이 있었지요. 예를 들어, 베토벤의 '9번 교향곡'은 지금도 해마다 연말이 되면 자주 연주되곤 하는 작품인데, 베토벤은 이 곡에 그때까지의 교향곡에서 한 번도 시도되지 않았던 '합창' 부분을 삽입해요. 그래서 우리는 베토벤의 마지막 교향곡을 '합창 교향곡'이라고 부르기도 하지요. 베토벤은 교향곡의 문법을 깨뜨림으로써 그 장르 음악의 새로운 가능성과 작품의 아름다움을 동시에 보여 줄 수 있었어요. 베토벤은 자신이 전 생애에 걸쳐 시도해 왔던 음악적 실험의 경험과 결과들을 말년에 하나의 파격으로 선보였고 그것이 지금까지도 우리에게 커다란 감동을 주고 있어요. 이러한 베토벤의 경우를 보면 노년 혹은 말년에 이르러서야 비로소 가능한 인간의 능력에 대해 생각해 보게 되지요.

때로는 학력이 높거나 훌륭한 재능을 가진 사람이 아닌 평범한 사람들이 노년에 이르러 새로운 경험과 배움을 통해 다른 삶을 살게 되는 경우도 있어요. 밀양에 살고 있는 할아버지 할머니들은 마을의 평화와 사람들의 건강을 위협하는 송전탑이 세워지는 것에 반대하는 싸움을 오래 계속해 오셨고, 그 과정에서 우리 사회의 불의와 부조리에 맞서 싸우는 투사로 거듭나게 되셨다고 해요.

또 칠곡에는 할머니 시인들도 계시지요. 집안일하랴, 농사지으랴, 자식 키우랴 글을 깨칠 틈도 없이 바쁘게 사신 분들인데, 마을 한글학교에 모여 글을 배워서 시를 쓰고 그 시들을 모아 책으로 내셨다고 해요. 시란, 대학에서 전공하거나 등단을 한 시인들만 쓰는 것은 아니었던 셈이지요. 그런 분들이 쓰신 시는 어떤 걸까 궁금하지요? 그중 한 편을 소개해 볼게요.

논에 들에/ 할 일도 많은데/ 공부 시간이라고/ 일도 놓고/ 허둥지둥 나왔는데/ 시를 쓰라 하네/ 시가 뭐고/ 나는 시금치 씨/ 배추 씨만 아는데

— 소화자, 「시가 뭐고」

이 시에는 우리가 국어 시간에 배웠던 고상한 언어유희도, 어려운 수사법도 없어요. 하지만 할머니의 생활 그 자체가 녹아 있고, 소박하지만 정직한 마음이 들어 있고, 우리를 미소 짓게 만드는 유머도 있지요. 막 한글을 깨쳤지만 한 편의 시를 쓸 수 있는 능력, 이것은 아마 할머니가 살아오면서 얻은 지혜로부터 나온 것일 테고요.

최근 한 동영상 사이트에서 아주 다양하고 화려하게 화장하는 모습, 화끈하고 재미있는 입담으로 큰 인기를 끈 70세가 넘은 할머니도 있지요. 식당을 운영하시던 할머니의 활기찬 모습을 손녀가 동영상으로 촬영해 업로드한 뒤 일약 스타가 되신 거죠. 어떤 잡지는 '고민 상담소' 코너를 만들어서 할머니의 인생 상담을 싣기도 했어요. "혼자 살고 싶은데 나중에 외로울까 봐 걱정된다."는 고민에는 "능력 있으면 혼자 살아. 개 키우며 살아."라고 하고, "좋은 사람이 되고 싶

다."는 고민에는 "모든 사람에게 다 좋은 사람이란 이 세상에 없다."라는 답변을 들려주셨어요. 인생에서 배운 지혜가 없으면 나올 수 없는 대답들이죠?

이런 여러 사례를 보면 노인은 생의 마지막에서 죽음을 기다리는 존재나 사회적 쓸모가 다해서 배제되어야 하는 존재가 아니라는 것을 알 수 있어요. 우리가 노인들을 존경하고 배려해야 한다면 그것은 그들이 우리보다 앞서 우리가 살고 있는 이 사회의 터전을 닦아 준 분들이며, 우리를 이 세계에 존재할 수 있게 낳아 주고 길러 준 분들이기 때문이겠지요. 우리가 막연히 생각하는 것과는 달리, 그분들에게도 젊은 세대만큼이나 다양하고 복잡한 희로애락의 정서와 삶에 대한 애정, 그리고 무엇인가 되고자 하며 하고자 하는 욕망이 있어요. 생물학적인 노화를 기준으로 그들을 사회적인 약자의 위치에 머물게 한다는 것에 대해 다시 생각해 볼 필요가 있지 않을까요?

여성, 이 세상의 절반 그 이상?

어린이와 청소년 그리고 노인이 인간의 생애 주기 속에서 보호받아야 할 약자로 분류된다면, 여성은 남성과 대비되면서 약자로 이해되고 차별받아요. 여성은 남성에 비해 대체로 물리적인 힘이 약하고, 사회적인 지위, 대우, 인식의 측면에서 불리한 위치에 놓여 있어요.

어떤 사람들은 이제 여성은 약자가 아니며, 사회적으로 차별받는 존재가 아니라고 생각하기도 해요. 확실히, 지난 백여 년 동안 여성에 대한 사회적 차별과 편견은 줄어들었어요. 여성은 남성과 마찬가지로 자신이 선택한 정치인에게 투표할 수 있고, 능력과 적성에 따라 진학하거나 취업할 수 있으며, 취향과 기호에 따라 활동을 하고 자기를 표현할 자유를 누리지요. 이제 세상은 완벽하게 남녀 양성이 평등한 사회가 된 것일까요?

조금만 깊이 들여다보면, 우리 앞에는 여전히 해결해야 할 많은 문제들이 펼쳐져 있음을 알 수 있어요. 남성과 여성은 생물학적으로 다를 뿐이지만, 여성은 여전히 가부장적인 사회와 가족 관계 속에서 권력의 중심이 되는 남성의 지배를 받으며 차별과 폭력의 대상이 되고 있기 때문이에요. 특히 교육 정도가 낮을수록, 빈곤할수록, 인종이나 성 정체성에서 소수자일수록 더 많이 차별과 폭력과 지배의 대상이 되곤 하지요.

생물학적으로 물리적인 힘의 측면에서, 그리고 사회적 지위의 차원에서 남성에 비해 상대적 약자인 대부분의 여성은 여전히 성폭력, 가정 폭력의 희생자가 될 가능성으로부터 자유롭지 못해요. 특히 성폭력의 경우 한국 사회에 살고 있는 여성의 90%가 경험했다는 조사 결과가 있을 정도로 거의 모든 여성에게 해당되는 심각한 사회문제이지요. 그래서 최근 한국의 페미니즘 활동가들은 성폭력의 개념을 더 확장시켜야 한다고 주장하기도 해요. 여기서 성폭력이란 단지 직접적인 신체적 폭력만이 아니라, 여성에게 성적인 수치심과 불쾌감을 느끼게 하는 모든 정신적·신체적 가해 행위를 말해요. 성적인 농담이나 여성의 신체를 노골적으로 훑어보는 시선, 공공장소에서의 성추행, 스토킹 등도 모두 성폭력의 범주에 속하게 되는 셈이지요.

이러한 성폭력은 개인적인 원한 관계가 그 원인인 것도 아니고, 여성들의 옷차림이나 늦은 귀가 때문도 아니며, 서로 안면이 있고 없음이 영향을 끼치는 것도 아닌, 단지 '여자'라는 이유만으로 거의 모든 연령대의 여성들에게 무차별적으로 가해지는 폭력이고 범죄이지요. 이것은 누군가가 여성이라는 이유만으로 본인의 의사와는 무관하게 이루어지며, 그 상처와 피해가 한 여성의 일생을 파괴할 만큼 심각하다는 점 때문에 외국에서는 다른 어떤 범죄보다 성범죄, 특히 아동을 대상으로 하는 성범죄를 아주 엄격하게 처벌하기도 해요.

하지만 우리 사회는 어떨까요? 어떤 여성이 성폭력을 당했다는 이야기를 들으면, 아직도 "여자가 밤늦게 다니니까 그렇지."라든가, "노출이 심한 옷이 성폭력을 유발했다."라든가 "별것도 아닌 일에 유난을 떤다."고 말하는 사람들이 적지 않아요. 범죄의 피해자를 사건의 원인 제공자로 만들어 버리는 '2차 가해'를 아무렇지도 않게 저질러 버리는 셈이지요.

사회적 활동에서도 여성은 여전히 불리한 위치에 있어요. 1948년

이후 한국의 여성은 남성과 마찬가지로 투표권을 갖게 되었지만, 투표로 선출된 국회의원 중에 여성이 차지하는 비율은 높지 않아요. 직업 선택의 자유는 있지만 원하는 직업을 갖는 확률도 여전히 높지 않지요. 소방관, 여객선의 선장, 국제선 여객기의 기장, 중장비 기술자 등 어떤 직업군에는 여성이 없거나 매우 드물고, 채용에서 여성을 차별하는 경우가 더 많으며, 그렇지 않다고 할 때조차 같은 업종 내에서 남녀에게 동일한 임금을 지급하거나 공평한 승진의 기회를 주는 경우는 많지 않아요. 일하는 엄마들을 위해 육아 문제를 함께

고민하고 해결하는 직장도 여전히 드물고, 여성들을 배려하지 않는 음주 회식 문화도 사라지지 않았어요.

사적인 공간에서 여성은 어떤 대우를 받고 있을까요? 엄마들은 육아와 자녀 교육, 가사 노동을 전담하거나 많은 부분 책임지고 있죠. 2016년 통계청 발표에 따르면 맞벌이를 하는 가구가 43%가 조금 넘는데, 평균 가사 노동 시간은 남성은 40분, 여성은 3시간 20분이었다고 해요. 결혼한 여성들이 경험하는 시댁과의 관계나 명절 노동은 기혼 남성들이 처가댁과 맺는 관계에 비추어 볼 때, 전혀 공정하지 않고요. 이 모든 사태는 '가부장적인' 가족제도와 사회구조 속에서 만들어지는데, 전통 혹은 관습이라는 이유로 여전히 답습되고 있지요.

'된장녀', '김치녀', '메갈녀' 같은 단어를 들어 본 적이 있지요? 여성들을 비하하거나 혐오하는 감정을 담은 말들이지요. 앞에서도 봤듯이 경제가 위축되고 정치가 불안정하며, 지배층의 부정부패가 만연하고 부가 불공정하게 분배되는 사회에서는 그 불만과 상대적 박탈감을 비이성적인 방식으로 해소하려는 사람들이 나타나게 됩니다. 그들의 분노는 약자와 소수자들을 향하기 쉽죠. 이러한 분위기 속에서 여성들을 향한 혐오와 차별, 폭력은 더욱 쉽게 생겨나고 빠르게 확산되곤 해요. 최근 우리 사회에서도 불특정 여성들을 향한 '묻지 마' 폭행과 살인까지 벌어져서 큰 이슈가 되기도 했어요.

하지만 여성들을 향한 이러한 차별과 혐오의 폭력은 여성들 스스로를 자각시키는 효과를 가져오기도 해서, 많은 여성들이 여성이란 무엇인가에 대해 진지하게 고민하기 시작했고, 차별과 혐오에 맞서 본격적으로 싸우기 시작했어요. 광고나 드라마에서 발견되는 여성 비하, 성차별적 요소들을 지적하고 바로잡는 운동을 SNS를 통해 벌이기도 하고, 그동안 자신들이 경험해 온 성차별적 대우와 각종 폭력을 다양한 방식으로 알리고 공유하고 고발하는 일을 하며, 때로는 거리에서 자신들의 주장을 더 강하게 알려 나가기도 해요. 2006년 미국에서 시작되었고, 2017년 할리우드 영화 제작자가 아주 오랫동안 수많은 배우를 성폭행했던 것을 용감한 배우들이 연이어 폭로하면서 더욱 불붙은 '#미투 운동'에 대해 들어 보았을 거예요.

그런데 여성들에 대한 혐오와 차별, 그리고 폭력은 단순히 여성들을 싫어하고 멸시하는 몇몇 남성들만의 문제일까요? 어떤 남자들은 "나는 여성을 혐오하지 않아. 오히려 좋아해."라고 말해요. 하지만 좋아한다는 이유만으로 여성의 능력이나 요구, 취향을 배려하지 않고 가르치려 들거나 자신이 좋아하는 것만을 상대에게 강요할 때, 혹은 여성을 보호받아야 하는 약자로만 대할 때 그 안에는 이미 여성을 자기보다 못한 존재로 인식하는 태도가 숨어 있다고 할 수 있어요.

또 가끔은 '남성 중심적인' 생각과 제도를 당연한 것으로 믿고 그것을 지지하는 여성들도 있는데, 그들은 여성을 남성에게 의존하는 혹은 의존해야만 하는 존재라고 생각하지요. 집안의 중심은 남자이고, 딸보다는 아들이 중요하며, 며느리는 무조건 시댁에 봉사해야 한다거나 여자는 언제나 조신하고 순종하는 존재여야 한다는 말들은 의외로 엄마가 딸에게, 혹은 시어머니가 며느리에게 전하는 충고일 때도 있으니까요. 결국 여성은 본래 약자인 존재가 아니라, 약자로 '만들어져 온' 존재였던 셈이지요.

하지만 더 중요한 것은, 여성에게는 약자로 '만들어져 온' 역사만 존재하는 것이 아니라는 점이에요. 지난 백여 년간 인간으로서의 여성의 권리와 지위를 찾기 위해 자기를 희생하며 지치지 않고 싸워 온 여성들이 있었고, 그들 덕에 여성의 삶은 오늘도 앞으로 한 발씩 나아가고 있기 때문이지요. 하지만 그 싸움은 너무 처절했기 때문에 한 시인은 이렇게 말하기도 했어요.

여자는/ 왜/ 자신의 집을 짓기 위하여/ 자신을 천지사방 찢어 버리지 않으면 안 되는가/ 검정 나비처럼 흰 나비처럼/ 여자는 왜/ 자신의 집을 짓기 위해선/ 항상 비명횡사를 생각해야 하는가

— 김승희, 「나혜석 콤플렉스」 중에서

어린이와 청소년 그리고 노인과 여성을 사회적인 약자로 이해하고 보호하는 것은 잘못된 생각이 아니에요. 대표적으로 지하철 좌석

한쪽에 노약자 보호석을 마련해 둔 것이나 임산부에게 배지를 나눠 주고 있는 것도 그런 생각의 표현일 거예요. 그런 점에서 보호는 약하지 않은 사람이 자신보다 상대적으로 약한 사람을 대하는 배려의 태도라고 할 수 있겠지요.

문제는 누가 그것을 판단하는가, 그리고 그 결과가 누구에게 이로운 것인가에 따라 전혀 다른 성격을 지니게 된다는 점에 있어요. 보호받는 입장이 되는 약자는 자신의 의지나 의사보다는 보호하는 쪽의 의도와 결정에 쉽게 영향받기 때문이지요. 여러분은 부모님의 과잉보호가 부당하다고 느껴 본 적이 없나요? 혹은 길에서 부당한 신체적 위협을 받고 누군가의 보호가 필요하다고 느껴 본 적은 없었나요? 결국, 약자에 대한 배려가 진정한 배려가 되기 위해선 누가 어떤 방식의 보호를 필요로 하는가 혹은 보호보다는 지지와 격려를 필요로 하는가 등등의 내용을 잘 살펴볼 필요가 있겠지요.

약자에 대한 보호가 언제나 올바르게 나타나는 것만은 아니어서, 그것이 폭력으로 바뀌는 경우도 있어요. 부모나 남편, 애인으로부터 학대받는 아이들과 여성들의 이야기처럼 물리적인 폭력을 가장 먼저 떠올릴 수 있을 거예요. 또 가난한 독거노인들이 경험하는 무관심과 사회적 배제라는 폭력도 있고, 여성들이 일상적으로 경험하는 시선의 폭력이라는 것도 있지요. 누군가 내 몸을 음탕한 눈으로 쳐다볼 때 느껴지는 불쾌감은 여성이라면 누구나 경험한 적이 있을 거예요.

뿐만 아니라, 보호는 약자에 대한 차별의 가능성을 내포하고 있다고 할 수 있어요. 내가 누군가를 보호한다는 의미는 나보다 약하거나 열등한 존재를 대상으로 하는 것이지 나와 동등한 존재를 향한 태도는 아니기 때문이에요. 사회적으로 무엇인가를 더 많이 가진 자가 덜 가진 자를, 힘이 센 자가 약한 자를, 성인이 어린이나 노인을, 남자가 여자를 보호해야 한다는 의식은 타인에 대한 배려와 차별을 동시에 담고 있다는 점에서 신중하게 고려되어야 할 문제이지요.

같거나 다른 소수자와 약자

앞에서 우리는 '같은 것'을 추구하는 '다수'의 '정상인'이 지배하는 세상에서 그들과 '다른' '소수자들'은 '비정상인'이 된다는 것을 알았어요. 다시 정리하자면, 여기서 말하는 '다수'와 '소수'는 단순히 수적인 개념만은 아니에요. 이를테면, 바퀴벌레처럼 개미도 인간들보다 그 수가 훨씬 많지만 이 세계에서 인간이 다수자라면 개미는 소수자이죠. 또 여성은 남성에 비해 그 수가 적지 않지만 남성에 대해 여성은 소수자이고요. 인종 중에 백인은 소수이지만, 막강한 군사력과 경제력을 가진 이른바 선진국의 '얼굴'인 그들은 다수자라 할 수 있겠지요. 인간이 개미에 비해, 남성이 여성에 비해, 백인이 다른 인종에 비해 더 많은 권력을 갖고 있으며, 어떤 판단이나 행동의 기준

(척도)이 되기 때문이지요. 이러한 '다수'는 한 집단의 지배적인 것, 주류적인 것, 평균적인 것이 되면서 힘을 행사하고 있어요.

반면에 '소수'는 다수와 '다르다'는 이유 때문에 차별받아요. 즉 배제되거나 억압받거나 동화되는 등 다수적인 것의 힘에 영향을 받지요. 그래서 소수자는 다수자에 비해 그 수가 적을 뿐만 아니라, 지배적이고 주류적인 것, 다수가 만들어 낸 평균으로부터 벗어나 있기 때문에 권력의 지배 혹은 다수자의 압력과 배제를 더 많이 받는 존재를 의미해요. 우리 사회에서 이성애자가 다수자라면 동성애자는 소수자이겠죠. 비장애인이 다수자라면, 장애인은 소수자이고요. 한국에서 한국어를 사용하며 피부색이 황색인 사람이 다수자라면, 한국어를 사용하지 않으며 피부가 붉거나 검은 사람은 소수자일 거예요. 이들은 모두 같은 것만을 추구하는 다수자들의 세상에서 '차이'를 지닌 존재들이 있다는 것을 보여 주는 사례였어요.

한편, 다수자에 비해 그 수가 적고 권력으로부터 벗어나 있다는 점에서 소수자와 약자는 같아요. 하지만 그들에 대해 다수자는 다른 태도를 취하곤 해요. 소수자에 대한 다수자의 태도가 외부로 배제하고 격리하거나 내부로 동화되기를 압박하는 방식으로 나타난다면, 사회적인 약자에 대해서는 차별과 폭력 외에 '보호'의 태도를 취하기도 해요. 약자들에 대한 다수자들의 태도가 우호적인 이유는 약자들이 이미 다수자의 일부이거나, 언제든 기회가 되면 다수자가 될 가능성이 있기 때문이지요.

　예를 들어, 우리 사회에서는 어른에 비해서 청소년과 어린이가, 남자에 비해서 여자가, 젊은이에 비해서 늙은이가, 그리고 경제적으로 빈곤한 사람들이 약자라고 할 수 있어요. 어린이와 청소년, 노인과 여성, 그리고 가난한 사람들은 경제적으로 자립하기 어렵기 때문에, 또 상대적으로 물리적인 힘이 약하기 때문에 학대와 차별, 폭력의 대상이 되기 쉽고 또 그렇기 때문에 보호받아야 할 존재로 인식되지요. 하지만 청소년과 어린이가 어른이 될 때, 가난한 사람이 자신의 가난을 벗어날 때, 여성과 노인이 다수자의 입장에서 생각하고 행동할 때 그들은 더 이상 약자가 아닌 다수자의 일부라고 할 수 있어요.

　사회적인 약자라고 해서 모두 수가 적은 것은 아니며, 소수자라고 해서 모두 약자의 위치에 있는 것도 아니에요. 어린이와 노인, 청소년, 여성, 그리고 가난한 사람 등은 어른과 남자, 부유한 사람에 비해 상대적으로 약한 존재이지만, 그 수가 적지는 않지요. 이들은 이주민들이나 성소수자, 장애인에 비해서는 수적으로 많고 때로는 이들에게 다수자로서의 영향력을 행사할 수 있는 존재이기도 해요. 그런가 하면, 여성 중에서도 장애 여성이, 이주민 중에서도 결혼 이주 여성 노동자가 더 소수에 속하기 때문에 그들은 같은 여성들 안에서도 차별과 불평등을 더 심각하게 경험하지요.

여성 중에서 부와 명예, 권력을 모두 가지고 가난한 사람들을 무시하고, 이주 노동자들을 착취하며 어린이들을 학대하는 사람이 있다면 그는 더 이상 사회적 약자가 아니겠지요. 또 성소수자 중에 장애인을 차별하고 여성을 혐오하며 노인들에게 폭력을 행사하는 사람이 있다면 그는 더 이상 소수자라고 할 수 없을 거예요. 즉, 소수자란 단지 수적으로 적다거나 그 사람이 지닌 어떤 정체성 자체를 의미한다기보다, 다수의 사람과는 다른 그가 가진 신체적이고 정신적인 독특함이 다수적인 것이 지배하는 세계의 잘못된 점을 드러내 주고 반성하게 하고 그것에 맞서 싸우며 다른 관계의 가능성을 생각하게 해 주는 존재이지요.

다수에 속한 약자들은 자신들과 다른 낯선 존재를 만났을 때 그들을 차별하고 학대하거나 편견을 갖고 바라보기 쉬워요. 가난한 남성 노동자는 동료인 이주 노동자를 직장에서 차별하고 집에 돌아와 부인과 자녀들에게 폭력을 행사할 수 있어요. 집에서 학대당하는 어떤 초등학생은 학교에서 서로 다른 국적의 부모를 둔 친구를 왕따시킬 수도 있고요. 약자는 사회적으로 보호받아야 할 배려의 대상이지만 다른 한편으로는 자신들과 다른 소수자나 다른 약자에 대해 폭력을 행사할 가능성 또한 지닌 존재일 수도 있는 거지요. 약자들이 행사하는 폭력은 그들이 당한 폭력을 외부로 발산하면서 해소하려는 무의식적 행동이기도 하다는 점에서 문제이며, 이것이 바로 폭력이 사회적으로 구조화되는 과정이기도 해요.

이렇게 자신이 당한 폭력을 다른 약자나 소수자에게 행사하는 사람들은 왜 그럴까요? 왜 이런 식으로 자기 정체성이나 조건 혹은 이익에 반대되는 쪽에 서려고 하는 것일까요? 누구나 대체로 자기 자신의 불행한 현재 상태보다는 더 나은 미래 쪽에 자신을 위치시키려는 경향이 있기 때문이지요. 그래서 지금 비록 불행과 고통 속에 있을지라도 언젠가 사회에서 지배적인 위치에 설 수 있을 것이라는 막연한 희망을 품고 있는 사람 중에는 그가 상상하는 미래의 자신에게 유리한 쪽에 투표하는 경우도 생기는 것이고요.

하지만 자신이 놓여 있는 현실과 그 관계들이 바뀌지 않는 한, 그의 미래도 달라지지 않아요. 그러므로 중요한 것은 지금 내가 어떤 위치에 있는지를 파악하고, 더 나은 상태의 삶을 살기 위해서 무엇을 바꾸어야 하는지 아는 일이며, 그것을 위해 작은 실천부터 시작하는 것이 아닐까요.

만약 내가 여자 고등학생이라고 생각해 봅시다. 여러 고민들이 있겠죠. 상급 학교 진학 문제를 고민하다가 우리나라 교육 문제에 의문을 갖게 될 수도 있고, 친구들과의 우정에 대해 생각하다가 세월호에서 희생된 또래 친구들을 떠올리고 국가란 무엇인지 생각하게 될 수도 있어요. 또 혼잡한 등굣길 지하철 안에서 불쾌한 추행을 경험하고 여성으로 사는 일의 불편함과 불공정함에 분노하다가 위안부 할머니들 문제에까지 관심이 확장될 수도 있죠. 그러면서 한편으론 이렇게 생각할 수 있어요. '나는 약한 여자고 학생인데 무엇을 할 수 있을까.' 물론 그래요. 혼자의 힘은 사소하고 나의 불만은 개인적인 것으로 그쳐 버릴 수 있어요. 하지만 조금만 옆을 돌아보면 내 힘에 힘을 보탤 수 있는 누군가가 분명히 존재한다는 것을 알게 돼요. 여성의 문제를 해결하기 위해 여성만이, 청소년의 문제를 해결하기 위해 청소년만이 나서고 싸워야 하는 것은 아니지요.

교육 문제를 예로 들어 볼까요? 그 안에는 단순히 교육과정이나 사교육 문제, 상급 학교 진학과 관계된 것들만 있는 게 아니죠. 여기에는 여학생을 둘러싼 성폭력 문제도 있고, 장애 학생을 위한 교육과 배려, 성소수자 학생을 위한 인권과 평등권에 관한 문제 등도 있기 때문이에요. 약자와 소수자의 문제에 대한 공감과 연대가 사실은 우리 자신의 문제와 아주 멀리 떨어진 것이 아님을 알 수 있어요.

'청소년' 문제를 해결하기 위한 주체가 있다면 그것은 교육공무원이나 국회의원, 선생님과 부모님이 아니라 청소년 자신일 거예요. 청소년 자신이 문제를 가장 예민하게 본질적으로 이해하고 있고 그것을 해결해 나갈 아이디어도 가장 많이 가지고 있기 때문이죠. 자신들의 문제를 더 많이 생각하고 말하고 바꾸려고 노력하고 바꿔 달라고 요구하는 청소년은 이 문제의 핵심 주체이며 자신들의 문제를 해결하기 위해 많은 사람들과 '연대'할 수 있어요. 청소년은 어른들의 '보호'를 받는 존재이며 어른들이 그들의 문제를 '대신' 해결해 주는 사람이라는 의식에서 벗어나 청소년이 자신들의 문제를 해결하기 위한 주체가 되고, 다양한 사람들이 그 문제에 함께 '연대'할 때, 청소년은 보호받는 약자가 아니라 자기 삶을 책임질 수 있는 건강한 주체로 성장할 수 있겠지요.

그렇다면, 누구와 연대할 수 있을까요. 나의 문제와 같은 문제를 안고 있는 누군가가 제일 먼저 떠오르지요. 그리고 조금 다른 성격을 갖고 있지만 약자의 범주에 속한 사람들, 그리고 소수자들. 더 확장해서 나의 문제에 공감하고 지지를 보내는 사람이라면 누구라도 연대할 수 있겠지요. 연대를 통해 우리는 그동안 우리가 몰랐던 다른 약자와 소수자의 문제를 깊이 이해하게 될 수도 있고, 문제 해결의 아이디어를 구할 수도 있고 나 아닌 다른 누군가의 문제에 동참하는 경험을 할 수도 있어요. 이 모든 과정을 통해 우리는 좀 더 강하고 풍요로운 삶을 그려 나갈 수 있을 거예요.

소수자가 된다는 것

하지만 연대는 나의 고유한 정체성을 유지한 채로 어떤 문제를 해결하기 위해 맺는 한시적인 관계라는 한계를 지녀요. 나의 삶이 바뀌기 위해선 내가 변해야 하고, 내가 나 아닌 다른 존재와 맺는 관계의 방식이 바뀌지 않으면 안 되겠지요. 내가 바뀐다는 것은 지금까지와는 다른 내가 된다는 의미일 텐데, 그것은 어떻게 가능할까요?

우리가 지금까지 당연한 것으로 여겨 왔던 다수자를 중심으로 한 관습과 제도와 일상적인 사고의 틀을 벗어나기 위해 소수자가 되어 보는 실험을 시도하는 것이 그 한 방법일 수 있겠어요. 소수자는 하나의 정체성에 국한되는 존재가 아니기 때문이에요. 우리는 이주 노동자나 장애인, 동성애자 등을 사회의 소수자라고 간단히 지칭하지만, 피부색이 다른 사람 전체나 모든 장애인과 동성애자 등이 소수자는 아니에요. 소수자는 다수자에게는 없는 어떤 특성으로 인해 사회로부터 부당한 차별과 배제를 당하는 사람이면서 그들의 존재가 다수가 지배하는 사회의 문제를 드러내고 그것과 싸우며 자기 자신과 사회를 바꿔 나가는 사람들, 그러한 노력을 하는 '과정 속에 있는' 사람들을 의미해요.

조나단 스위프트의 소설 『걸리버 여행기』를 읽어 보았나요? 이 모험담에는 지금 우리가 이야기하고 있는 소수자에 관한 중요한 힌트가 숨어 있어요. 걸리버는 고향에서는 다수자에 속하는 사람이었지요. 그는 백인 남성 의사이며 유럽의 강대국 영국의 국민이기도 해요. 하지만 걸리버가 다른 여러 나라를 여행했을 때, 그는 자신이 도착한 장소에 사는 다수의 사람들과는 다른 조건과 특성을 지닌 소수자가 되지요.

첫 번째 여행지인 소인국에서 그는 예외적으로 거대한 신체를 가진 자가 되어, 소인국 사람들이 보지 못하는 것을 보고, 생각하지 못한 것을 생각해요. 소인국은 왜 소인국일까요. 소인국에 사는 사람들은 모두 대단히 영리하고 재주가 많지만, 그들에게는 달걀을 먹을 때 끝이 뾰족한 쪽으로 먹을 것인가 뭉뚝한 쪽으로 먹을 것인가 하는 문제를 두고 전쟁을 벌일 만큼 사소한 일에 목숨을 거는 측면도 있어요. 걸리버는 소인국 사람들을 통해 인간이 지닌 비합리적인 측면 즉 편견과 아집, 소심함 등을 새롭게 발견하지요. 그는 이방인이고 손님이면서 다수자인 소인들의 왜소한 태도와 행동을 가장 잘 보는 소수자가 되는 셈이에요. 하지만 소인국 사람들은 결국 자신들과 다른 존재를 받아들이지 못하고, 걸리버는 추방되죠.

반대로 거인국에서 걸리버는 '작은' 사람이 되는데, 소인국에서와 마찬가지로 걸리버의 몸 크기는 그가 지닌 정신의 크기이기도 해요. 거인국 사람들은 거대한 몸집에 걸맞게 매사에 현명하게 행동하고 평화롭게 사는 사람들이었어요. 소인국에서와는 반대로 거인국에서 걸리버는 거인들의 피부조직이며 작은 먼지까지 포착할 정도로 사물을 자세히 보는 눈을 얻지만, 스스로 소인의 태도를 보이지요. 그는 소인국에서 얻은 경험을 바탕으로 거인국 왕에게 전쟁에 필요한 화약 제조법을 알려 주겠다고 했다가 "역겨운 소인배"라고 핀잔을 듣기도 해요. 거인국에서 걸리버는 거인들에 비해 힘이 없는 약자이며, 그들이 보지 못하는 작고 사소한 것들을 잘 볼 수 있는 능력을 지닌 자이지만, 합리적으로 생각하고 도덕적으로 행동하는 능력은 그에게 부족했던 것이지요.

소인국에 가면 거인이 되고, 거인국에 가면 소인이 되는 식으로 걸리버는 매번 다른 존재가 되는데, 관계에 따라 긍정적인 성격을 보이기도 하고 부정적인 성격을 보이기도 해요. 이와 같이 소수자는

본래 고정된 정체성을 가진 존재가 아니라, 어떤 성격을 가진 다수
자들과 만나는가에 따라 매번 다른 존재가 된다고 할 수 있어요. 네
팔에 살던 평범한 청년이 일자리를 찾아 한국에 오면 그 순간 피부
색이 다른 이주 노동자로 차별받는 존재가 되는 것처럼요.

소인국과 거인국을 거쳐 하늘을 나는 섬 라퓨타와 말들이 지배하
는 휴이넘을 방문하는 걸리버의 여행은 흥미진진하죠. 그는 여행을

거듭하며 새로운 장소에 도착할 때마다 약자 혹은 소수자가 되지만, 그의 진정한 '소수자-되기'는 오히려 고향으로 돌아온 후에 진행된다고 할 수 있어요. 그는 우선 보통의 영국인처럼 살기를 거부해요. 그는 언제나 말처럼 뛰어다니고, 휴이넘처럼 지혜롭게 생각하며, 소박하고 금욕적으로 생활하기 위해 노력했어요. 그는 여행 이전에 그

가 누렸던 백인 남성 의사라는 다수자 권력의 자리를 떠나 '다른' 삶을 계획하고 실험하며 남은 생을 가치 있게 보내려고 애쓰지요. 걸리버의 예에서 보자면 소수자란, 단지 고정된 하나의 정체성만을 가진 소수의 사람을 의미하는 것이 아니라 다수에 의해 오랜 시간 동안 굳어져 온 고정관념과 편견을 의심하고 그것으로부터 벗어나고

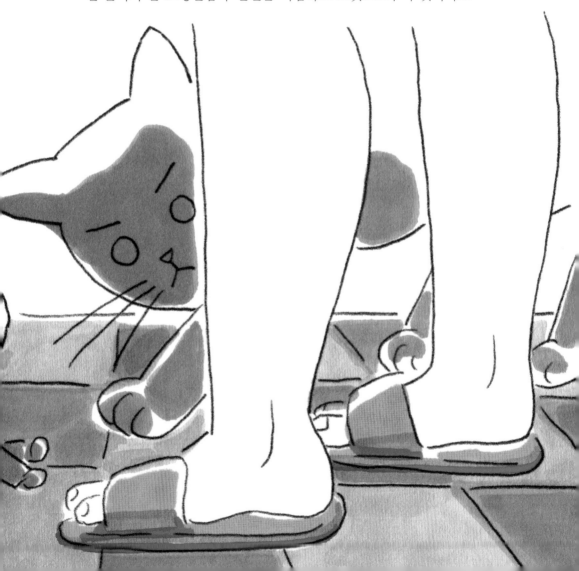

자 노력하는 태도까지도 포괄하는 개념인 셈이에요.

걸리버가 공간이 바뀔 때마다 다른 존재가 되는 경험을 했다면, 버지니아 울프의 소설에 나오는 올란도는 매번 다른 시간을 살게 됨으로써 새로운 사람이 되는 경험을 하지요. 『올란도』에서 주인공은 처음에 16세기 영국의 귀족이자 문학청년으로 등장해요. 그는 이국의 소녀와 사랑에 빠지지만 곧 실패로 끝나고 깊은 잠에 빠지지요. 오랜 잠에서 깨어난 후 올란도는 집시가 되어 떠돌다가 전쟁에 휘말리게 되고 다시 깊은 잠에 빠져요. 올란도가 다시 깨어났을 때 그녀는 20세기 초반의 여성이 되어 있어요.

올란도는 300년 동안 남자로 여자로, 어른으로 아이로, 귀족으로 평민으로 살면서 이전에는 몰랐던 다른 성과 신분, 환경 등을 이해하고 풍부한 인생을 살 수 있었어요. 작가는 이렇게 말하지요. "그녀(올란도)는 우리가 수용할 수 없을 정도로 굉장히 다양한 자아들을 가지고 있었다." 그리고 그 다양한 자아들은 현재를 사는 올란도의 삶을 더욱 자유롭고 풍요롭게 해 주는 힘의 원천이 되지요.

걸리버와 올란도의 이야기는 우리에게 '소수자-되기' 혹은 나 아닌 다른 존재 되어 보기란 어떤 것이고, 어떻게 가능한지 문학적 상상력을 통해 보여 주었어요. 우리가 사는 현실에서도 이러한 실천이 전혀 불가능한 것만은 아니에요. 예를 들어, 이성애자로서의 성 정체성을 가진 누군가가 성소수자들의 편에서 생각하고 그들이 받는 차별과 오해를 깨뜨리기 위해 함께 싸운다면 그는 다수자의 편에서 벗어나 소수자-되기를 실천하고 있다고 할 수 있을 거예요. 반면, 누군가 성 정체성 면에서는 소수자이지만, 비장애인으로서 장애인을 차별하고 한국인으로서 이주민을 차별한다면 그를 진정한 소수자라고 부르기는 어려워요. 그렇기 때문에 프랑스의 철학자 들뢰즈는 "소수자도 소수자-되기를 실천하지 않으면 안 된다."고 말했어요.

몇 해 전, 미국에서는 소수자-되기와 관련하여 흥미로운 사건이 하나 벌어진 적이 있어요. 오랜 세월 흑인 인권 운동을 열심히 해 온 레이첼 돌레잘이라는 여인이 사실은 흑인이 아니었다는 사실이 폭로되면서 사람들이 충격에 빠졌던 사건이었죠. 물론 흑인이 아닌 사람도 흑인 인권 운동을 할 수 있어요. 그런데 레이첼은 20년도 넘게 피부를 검게 태우고, 머리카락을 검게 염색하고, 자기 자신을 흑인이라고 소개하며 흑인들 틈에서 흑인으로 살아왔기 때문에 문제가 되었던 것이죠. 레이첼이 백인이라는 사실이 알려지자 그녀를 거짓말쟁이라고 욕하는 사람들도 있었고, 그동안 그녀가 흑인 인권을 위해 해 왔던 운동의 성과를 고려하면 그녀의 인종적 정체성은 중요한 문제가 아니라고 말하는 사람들도 있었어요.

논란이 커지자 그녀는 자신이 몸담고 있던 운동 단체의 중요한 직책에서 물러났어요. 그리고 이렇게 말했지요. "나는 아프리칸-아메리칸(아프리카에서 미국으로 노예로 팔려 온 흑인들의 후손)은 아니다.

하지만 나는 흑인이다.”

자신의 가계도에는 흑인이 없고, 아프리카에서 노예로 팔려 온 흑인의 역사 속에 그녀는 없었지만, 레이첼은 백인이 다수자인 미국 사회에서 차별받는 흑인-소수자의 편에 서고자 했고, 흑인들을 이해하기 위해 스스로 흑인의 얼굴을 갖기 위해 노력했으며, 모두가 평등한 세상을 만들기 위해 싸우며 소수자-되기를 실천했기 때문에 당당하게 “나는 흑인이다.”라고 말할 수 있었던 것이지요.

이러한 소수자-되기가 왜 중요할까요? 우리는 지금까지 여러 이야기들을 통해 다수자가 지배하는 사회에서 약자와 소수자는 모두 ‘열등한’ 존재로 차별받는다는 것, 특히 상대적으로 ‘보호받는’ 약자들에 비해 소수자들은 그들이 지닌 성적이고 인종적이며 신체적인 조건의 일부가 다수의 사람들과 다르다는 이유로 훨씬 더 직접적으로 차별과 편견의 대상이 된다는 것을 살펴보았어요. 특히, 소수자는 그들이 놓인 바로 그 불편한 위치 때문에, 다수자들이 보지 못하는 것을 보고, 다수자들과는 다른 방식의 삶을 만들어 내며, 다수자들이 중심이 된 세계의 불의와 불편부당함을 드러낼 수 있는 가능성을 지닌 존재이기도 하지요.

그런 점에서 소수자-되기는 우리가 그동안 자명한 것으로 여겨왔던 생각들과 세계의 작동 방식에 의문을 가질 수 있게 하고, 우리가 스스로 우리 삶의 주인이 되기 위한 반성과 실천의 동력이라 할 수 있지 않을까요? 왜냐하면 소수자가 된다는 것은 하나의 정체성에 고정되기를 거부하는 것이자, 다수자가 아닌 존재가 처한 현실을 이해하며 그 상태를 바꾸려는 노력에 함께하는 과정이며, 그 속에서 지금까지와는 다른 내가 되는 경험을 하는 것, 그래서 결국에는 나와 내가 살아가는 이 세계가 지금보다 더 나은 것이 될 수 있도록 끊임없이 되돌아보고 질문하고 새로운 관계를 구성하는 실험을 게을리 하지 않는 것이기 때문이지요.

완득아, 2+2는 뭐지?

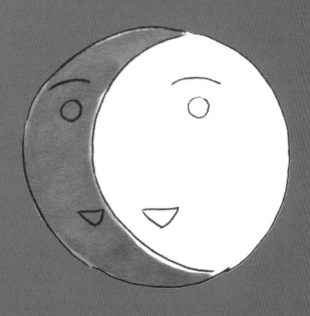

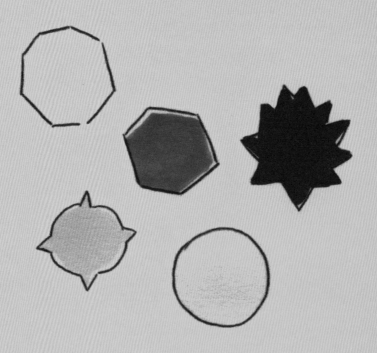

완득이의 킥복싱 스승님께서는 언제나 이렇게 말씀하셨죠. "킥복싱은 맞는 것을 연습하는 스포츠다."

어쩌면 완득이는 킥복싱에서만이 아니라 세상을 살아가면서 번번이 TKO패 당하게 될지도 몰라요. 장애를 가진 아버지, 피부색이 다른 이주민 어머니의 아들로 차별을 받거나 원치 않은 동정을 받을 수도 있겠지요. 가난하고 공부도 못하니까 더 힘들 거예요. 하지만 무수히 맞는 것을 연습하는 킥복싱을 하듯, 세상에 대해 질문하고 부딪치고 깨지는 과정을 통해 어쩌면 완득이의 삶은 더욱 강하고 풍성해지지 않을까요? 그것은 킥복싱을 배우는 동안 어머니를 만나고, 어머니 같은 이주 노동자들을 이해하게 되고, 동주 선생님의 진심을 알게 되고, 친구들에게 마음의 문을 열었던 것처럼, 자신이 경험했던 차별과 편견을 더 약한 존재에게 돌려줌으로써 해소하는 것이 아니라, 더 많은 사람들을 만나고 이해하고 그들과 좋은 관계를 맺는 과정 속에서 이루어질 수 있을 거예요.

완득이의 킥복싱 연습 그리고 그의 가슴속에 품고 있을지도 모를 '다르기 때문에 차별받는 존재들'에 대한 질문은 사실 완득이만의 것은 아니죠. 사실 우리는 모두 서로 '다른' 존재들이니까요. 생김새도, 성격도, 취향도, 환경도, 경험도, 국적도 모두 달라요. 그런 점에서 '다른' 존재란 나에게 없는 무엇인가를 가진 존재라고도 할 수 있어요. 나와 다르다는 이유로 차별하고 적대하고 혐오하는 것이 아니라, 서로 이해하고 공감하며 자신에게 없는 것을 배운다면 우리 자신의 능력은 더욱 커지겠지요. 그것을 위해서 우리는 '다른 것'을 받아들이기 거부하고 사람들의 생각과 행동을 '같아지게' 만들어 그 능력을 축소시키려는 힘과도 싸워야만 해요. 왜냐하면 '다른 것'에 대한 배제나 동화를 통해 사람들의 생각이나 행동 등을 같아지도록 만드는 힘은 우리의 개성과 자유를 억압하며 지배하고 통제하려는 힘과 다르지 않기 때문이에요.

조지 오웰의 소설 『1984』를 보면, 오세아니아의 독재자인 빅 브라더와 하수인들은 과거의 기록들을 끊임없이 고치고 왜곡하면서 사람들의 기억을 지배하고 통제하며 그들이 원하는 특정한 방식으로만 생각하고 행동하도록 조종하지요. 주인공 윈스턴은 이런 일이 지속된다면 언젠가는 객관적인 현실이나 과학적인 진리마저도 지배자의 입맛에 맞게 바뀔 수도 있다고 생각하고 두려움에 빠져요. 그는 어린이용 역사책 앞에 실린 빅 브라더의 초상을 보며 이렇게 말해요. "결국 당은 2+2는 5라고 발표할 것이며 모든 사람은 그렇게 믿어야만 할 것이다."

같아진다는 것은 결국, 쉽게 어떤 특정한 힘에 통제받고 지배받는 상태가 된다는 의미이고, 그런 상태에서 개인의 개성과 자유는 억압받게 되니까요.

우리를 '같아지게' 만드는 힘을 의심하고 그것에 맞서는 과정에서 우리는 스스로 삶의 주인이 될 수 있어요. 그것을 위해 우리는 그동안 당연한 것으로 여겨 왔던 것들에 대해 질문 던지기를 시작해야만 해요. 이를테면 앞에서 이야기했던 하얀 피부가 검은 피부보다 정말 더 아름다울까, 동성애자는 정말 죄를 짓고 있거나 병이 든 사람일까, 장애인은 정말 비장애인보다 열등한 존재일까와 같은 질문들 말이지요. 서로 같은 것만을 추구하고 같아지기만을 바라는 것이 아니라, 서로 다른 것들을 인정하고 나에게 없는 것을 배워 나가며 더불어 살아가는 삶이 얼마나 든든하고 아름다울 수 있는지 한번 상상해 보세요.

생각이 찾아오는 학교 너머학교

생각한다는 것
고병권 선생님의 철학 이야기
고병권 지음 | 정문주 · 정지혜 그림

탐구한다는 것
남창훈 선생님의 과학 이야기
남창훈 지음 | 강전희 · 정지혜 그림

기록한다는 것
오항녕 선생님의 역사 이야기
오항녕 지음 | 김진화 그림

읽는다는 것
권용선 선생님의 책 읽기 이야기
권용선 지음 | 정지혜 그림

느낀다는 것
채운 선생님의 예술 이야기
채운 지음 | 정지혜 그림

믿는다는 것
이찬수 선생님의 종교 이야기
이찬수 지음 | 노석미 그림

논다는 것
오늘 놀아야 내일이 열린다!
이명석 글 · 그림

본다는 것
그저 보는 것이 아니라 함께 잘 보는 법
김남시 지음 | 강전희 그림

잘 산다는 것
강수돌 선생님의 경제 이야기
강수돌 지음 | 박정섭 그림

사람답게 산다는 것
오창익 선생님의 인권 이야기
오창익 지음 | 홍선주 그림

그린다는 것
세상에 같은 그림은 없다
노석미 글 · 그림

관찰한다는 것
생명과학자 김성호 선생님의 관찰 이야기
김성호 지음 | 이유정 그림

말한다는 것
연규동 선생님의 언어와 소통 이야기
연규동 지음 | 이지희 그림

이야기한다는 것
이명석 선생님의 스토리텔링 이야기
이명석 글 · 그림

기억한다는 것
신경과학자 이현수 선생님의 기억 이야기
이현수 지음 | 김진화 그림

가꾼다는 것
'내-생태계'와 함께 성장하는 이야기
박사 글 · 그림

차별한다는 것
차별을 알면 다름이 보인다
권용선 지음 | 노석미 그림

삼국유사,
끊어진 하늘길과 계란맨의 비밀
일연 원저 | 조현범 지음 | 김진화 그림

종의 기원,
모든 생물의 자유를 선언하다
찰스 다윈 원저 | 박성관 지음 | 강전희 그림

너는 네가 되어야 한다
고전이 건네는 말 1
수유너머R 지음 | 김진화 그림

나를 위해 공부하라
고전이 건네는 말 2
수유너머R 지음 | 김진화 그림

독서의 기술,
책을 꿰뚫어보고 부리고 통합하라
모티머 J. 애들러 원저 | 허용우 지음

우정은 세상을 돌며 춤춘다
고전이 건네는 말 3
수유너머R 지음 | 김진화 그림

대화편,
플라톤의 국가란 무엇인가
플라톤 원저 | 허용우 지음 | 박정은 그림

감히 알려고 하라
고전이 건네는 말 4
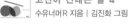
수유너머R 지음 | 김진화 그림

아Q정전,
어떻게 삶의 주인이 될 것인가
루쉰 원저 | 권용선 지음 | 김고은 그림

언제나 질문하는 사람이 되기를
고전이 건네는 말 5
수유너머R 지음 | 김진화 그림

경연,
평화로운 나라로 가는 길
오항녕 지음 | 이지희 그림

유토피아,
다른 삶을 꿈꾸게 하는 힘
토머스 모어 원저 | 수경 지음 | 이장미 그림

작은 것이 아름답다,
새로운 삶의 지도
에른스트 프리드리히 슈마허 원저 | 장성익 지음 | 소복이 그림

성서,
삶의 진실을 향한 무한 도전
손기태 지음 | 이유정 그림

더불어 고전 읽기

욕망,
고전으로 생각하다
수유너머N 지음 | 김고은 그림

사랑,
고전으로 생각하다
수유너머N 지음 | 전지은 그림

진화와 협력,
고전으로 생각하다
수유너머N 지음 | 박정은 그림

질문과 질문으로 이어지는 생각 익힘책

생각연습
생각의 근육을 키우는 질문 34
리자 하글룬트 글 | 서순승 옮김 | 강전희 그림

그림을 그린 **노석미** 선생님은
홍익대학교에서 회화를 공부했고, 다수의 개인전과 기획전에 참여했으며 다양한 분야의 일러스트레이션 작품과 그림책 등을
만들고 있습니다. 펴낸 책으로는 『나는 네가 행복했으면 해』, 『나옹이』, 『왕자님』, 『스프링 고양이』, 『향기가 솔솔 나서』, 『서른 살
의 집』, 『그린다는 것』, 『멀리 있는 산』, 『지렁이 빵』, 『좋아해』, 『나는 고양이』, 『먹이는 간소하게』 등이 있습니다.

차별한다는 것

2018년 6월 12일 제1판 1쇄 인쇄
2023년 4월 20일 제1판 5쇄 발행

지은이	권용선
그린이	노석미
펴낸이	김상미, 이재민
편집	김세희
디자인기획	민진기디자인
종이	다올페이퍼
인쇄	청아문화사
제본	길훈문화
펴낸곳	너머학교
주소	서울시 종로구 자하문로24길 32-12 2층
전화	02)336-5131, 335-3366, 팩스 02)335-5848
등록번호	제313-2009-234호

ISBN 978-89-94407-67-8 44330
ISBN 978-89-94407-10-4 44080(세트)
www.nermerbooks.com

너머북스와 너머학교는 좋은 서가와 학교를 꿈꾸는 출판사입니다.